Pflanzen und Tiere für den Gartenteich

Werner Costa

Pflanzen und Tiere für den Gartenteich

FALKEN

Vorwort

Durch die immer intensivere landwirtschaftliche Nutzung ist unsere Landschaft in den letzten Jahren zunehmend monotoner geworden und damit auch ärmer an Lebensräumen für die bedrohte natürliche Pflanzen- und Tierwelt. Gleichzeitig wurden im Siedlungsbereich viele Gärten recht steril angelegt und waren so nur für wenige Pflanzen- und Tierarten attraktiv.

Dem steht heute der verbreitete Wunsch nach einem naturnahen Land- und Gartenbau gegenüber, ein Bestreben, das aus der Erkenntnis der gerade genannten Versäumnisse resultiert.

Nach der Statistik sind etwa 3% der Fläche der Bundesrepublik privates Gartenland. Gerade hier bietet sich die Chance, neuen Lebensraum in Gärten als Ersatz für zerstörte Kleingewässer und Feuchtflächen zu schaffen. Eine solche Lebensstätte, ein solches Biotop stellt der naturnah gestaltete Gartenteich dar.

Als geeignetes Baumaterial bietet sich die Kunststoff-Folie an. Sie läßt sich für jede Teichform und -tiefe verwenden, und man kann sie der Geländeabstufung standortbedingter Wuchszonen anpassen. Aufgrund dieser Vorteile wird im Buch nur auf den Folienteich eingegangen. Der Leser findet jedoch im Anhang zur Bundesgartenschau Dortmund 1991 auch Hinweise auf andere geeignete Dichtungsmaterialien.

Im Mittelpunkt dieses Buches steht jedoch nicht die Teichanlage, sondern die faszinierende Pflanzen- und Tierwelt dieses besonderen Lebensraumes. Das Gedeihen der Pflanzen und Tiere hängt von Wassergüte und Nährstoffgehalt, vom Boden, von Licht und Wärme wie auch vom Zustand der näheren Umgebung des Teiches ab. Diese Faktoren werden deshalb hier ausführlich erläutert.

Der Hauptteil des Buches beschäftigt sich mit der vielfältigen Pflanzenwelt des Teiches. Beschrieben werden entsprechend ihren natürlichen Ansprüchen an den Standort die Überwasserpflanzen, die Schwimm- und Unterwasserpflanzen wie auch geeignete Wildpflanzen und Kulturformen des Uferbereiches. Sie haben sich über Jahre in und am Teich bewährt.

Eingegangen wird auch auf die Tierwelt, insbesondere auf Insekten- und Amphibienarten, die sich in einem pflanzenreichen Teich in naturnaher Umgebung bald von selbst einstellen.

München, im Frühjahr 1991

Werner Costa

Dieses Zauneidechsenpaar fühlt sich am sonnigen Teichrand offensichtlich wohl

Bedrohte Pflanzen- und Tierwelt

Rote Listen

In der heute intensiver genutzten Kulturlandschaft sind vor allem die auf Gewässer und Feuchtflächen angewiesenen Pflanzen und Tiere in ihrer Existenz bedroht. Die fortschreitende Umwandlung des Grünlands in Ackerland, die Ausweitung großflächiger Monokulturen wie des Maisanbaus lassen für Feuchtflächen keinen Raum.

Pflanzen und Tiere stehen in wechselseitiger Beziehung. So bevorzugen Schmetterlinge oft bestimmte Pflanzen. Manche Tierarten wie Libellen oder Köcherfliegen sind sowohl von Art und Zustand des Gewässers selbst als auch vom Bewuchs mit Wasserpflanzen abhängig.

Der Artenschwund der Pflanzen zieht den Artenschwund der Tiere nach sich. Nach den in den einzelnen Bundesländern geführten Roten Listen waren in Bayern schon 1974 27,9% der Pflanzenarten in ihrem Bestand gefährdet, 32 Farn- und Blütenpflanzen bereits ausgestorben. Ebenso hat sich die Artenvielfalt der Tierwelt reduziert. Durch das weiter fortschreitende Trockenlegen von Kleingewässern und Feuchtwiesen sind besonders Wasservögel, Lurche und Wasserinsekten in ihrem Bestand bedroht, so rund

- 60% der an Gewässer und Feuchtgebiete gebundenen Vögel
- 61% der Amphibienarten
- 75% der Kriechtiere
- 38% der Libellenarten
- 33% der Schmetterlingsarten

Die Beeinträchtigung und/oder Zerstörung von Biotopen und die dadurch bewirkte Artenverarmung gehen unvermindert weiter. Dies beweist die vom Bayerischen Landesamt für Umweltschutz veranlaßte erneute floristische Kartierung. Nach der Neufassung der Roten Liste gefährdeter Farn- und Blütenpflanzen Bayerns ergibt sich eine Steigerung von 27,9% (1974) auf 34,6% (1986) der gefährdeten Arten.

Ähnlich erschreckende Tendenzen dokumentieren die Roten Listen anderer Bundesländer sowie die für das ganze Bundesgebiet erstellte »Rote Liste der gefährdeten Pflanzen und Tiere in der Bundesrepublik Deutschland«.

Eigene Beobachtungen

Unser Garten liegt am Rande einer Ortschaft in einem Hügelland, das vor etwa 60 Millionen Jahren entstand und erdgeschichtlich als tertiär bezeichnet wird. Die Landschaft ist geprägt von Hopfengärten, Mais- und Weizenfeldern, die unterbrochen werden von standortfremden Fichtenforsten auf Kuppen und steileren Hanglagen. Auch wir mußten in dieser Region die fortschreitende Zerstörung noch naturnaher Lebensräume beobachten. Als wir von 20 Jahren unser Grundstück als magere, nährstoffarme Wiese in Besitz nahmen, erkundeten wir mit den Kindern zunächst die nähere Umgebung. Blumige Wiesen, Teiche und Tümpel wie auch offengelassene Sandgruben bildeten beliebte Wanderziele. Die Flur war, trotz teilweise intensiver Bewirtschaftung, belebt vom Niederwild und einer vielfältigen Vogelwelt. Wir konnten noch Ketten von Rebhühnern antreffen. In einer nahen Wald-

Auch der Zungenhahnenfuß ist heute selten geworden

Beispiele für Biotopzerstörung durch geänderte Landschaftsnutzung

Frühere Nutzung, einstiger Zustand	Nr. (vgl. Abb.)	Fläche ca.	Eingriff	Heutige Nutzung, heutiger Zustand
Obstwiesen am Ortsrand	1	1 ha*	Rodung, Erschließung	kleinparzelliertes Bauland, Sportplatz
Teich in Talmulde Feuchtwiese (artenreiche Flora und Fauna)	2	20 m² 1 ha	Verfüllen Umbruch	Maisanbau (Bodenerosion, verdichtete Böden)
zwei Tümpel Feuchthang (artenreiche Flora und Fauna)	3	10 m² ½ ha	Verfüllen Umbruch	Mais, Getreide (Versumpfung, Überdüngung)
offengelassene Sandgrube, Calluna-Heide, Brombeeren Tümpel am Hangfuß	4	½ ha 5 m²	Rekultivierung	Moto-Cross-Gelände, Kiefernbewuchs nach Samenanflug Pferdekoppel
blumige Waldwiese (Insektenflug, Wildäsung)	5	6 ha	Planierung, Einzäunung	jährliche Grasbahnrennen
Waldtümpel (mit Wasserstern, Molchen)	6	15 m²	»wilde« Abfalldeponierung	wiederholt entrümpelt, heute sauber
Erlenbruch, Sumpfdotter-Naßwiese	7	⅓ ha	teilweise Bauschuttablagerung, Errichten eines Lagerplatzes	Fischteich, Holzlager
blumenreiche Talwiesen (schöne Landschaft, Erholungsfunktion)	8, 9	3 ha	Dränage, Umbruch	Mais, Erdbeerkulturen (Überdüngung, Brennesselflur)
Wiesenhang, Naßwiese (artenreiche Flora und Fauna)	10	1 ha	Planierung	im Oberhang: Maisanbau (Erosion) im Unterhang: Fichtenkultur (Überdüngung)

* ha = Hektar = 10 000 m²

schlucht lebten Feuersalamander, Sperber und Bussarde kreisten in der Luft. Zu der Zeit fanden jeden Herbst große Treibjagden statt. Die geschmückten Jagdwagen waren überladen mit erlegten Hasen, Fasanen und Rotwild.
Heute stapft der Revierjäger mürrisch durch den Wald. Seit einigen Jahren hat die Niederwildjagd aufgehört. Rebhuhn und Hase sind fast völlig aus der Flur verschwunden. Das frühsommerliche Konzert der Frösche ist verstummt, die letzten Teiche und Tümpel wurden trockengelegt und kultiviert. Nun rollt der Traktor darüber. Im nahen Waldtümpel lebten anfänglich noch Molche. In den folgenden Jahren konnten wir nur noch zwei Waschtrommeln und einen Autoreifen vorfinden, die wir entfernten.
Innerhalb der Ortschaften hat sich der Lebensraum für die Vogel- und Kleintierwelt durch fortschreitende Verstädterung ebenfalls vermindert. Eichen und Linden, Obstwiesen und Bauerngärten weichen »pflegeleichten« Koniferen- und Ziergärten. Auch die zunehmende Freizeitnutzung bringt Unruhe in bisher unberührte Gebiete und vertreibt die Tierwelt.

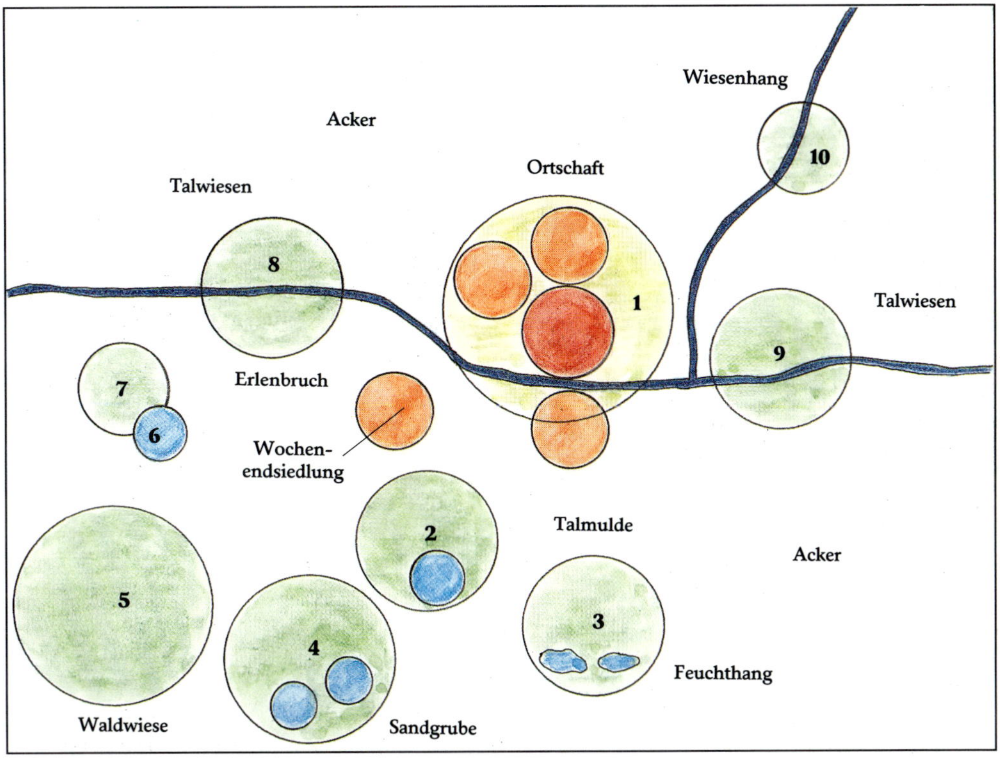

Die Abbildung zeigt die Lage der Biotope, deren Veränderungen in der nebenstehenden Übersicht kurz beschrieben sind (vgl. die Zahlen in Übersicht und Abbildung). Diese vom Autor in seiner nächsten Umgebung beobachtete Biotopzerstörung vollzog sich in einem Zeitraum von nur 20 Jahren. Solche Entwicklungen lassen sich vielerorts nachvollziehen; sie haben entscheidend zur Gefährdung zahlreicher Tier- und Pflanzenarten beigetragen.
Als Reaktion auf diese Bedrohung wurde im Bundesnaturschutzgesetz unter anderem festgeschrieben, daß Kleingewässer, Altarme und Verlandungszonen von Gewässern sowie naturnahe Gehölzbestände erhalten oder neu geschaffen werden sollen (§ 26, Absatz 2). Mit der Anlage naturnaher Teiche und Tümpel in der freien Landschaft bietet sich zum Beispiel eine dankbare Aufgabe für Flurbereinigungsbehörden und Gemeinden. Aber auch Gartenbesitzer leisten mit der Gestaltung von Kleingewässern einen wertvollen Beitrag.

Dieser Teich im Wiesengrund bot bis 1976 Lebensraum für Molche, Frösche und Libellen

Dieser Waldtümpel wurde zum Schuttplatz: Molche und Feuersalamander mußten alten Reifen weichen

Durch Dränage des Wiesengrundes und Auffüllen der Teichgrube wurde dem ein jähes Ende bereitet

Natürliche Bestände von Mädesüß und Blutweiderich werden durch Haferanbau verdrängt

Noch nach Jahren wird der ehemalige Teich als feuchter Fleck im Acker sichtbar

Nach Umbruch der Feuchtwiesen und Maisanbau kommt es zu Schäden durch Bodenabschwemmung

Lebensstätte Gartenteich

Attraktives Kleinbiotop

Ob als Vogeltränke, Wasserpflanzbecken, Wassertreppe oder Bachlauf – Wasser ist seit alters ein belebendes Gestaltungselement des Gartens. Dies, aber auch der stete Rückgang von Teichen und Tümpeln in der freien Landschaft bewogen uns, selbst einen naturnahen Gartenteich anzulegen. Unser Teich mit seiner Uferbepflanzung bildet heute nicht nur den ästhetischen Schwerpunkt des Gartens, sondern ist vor allem auch von ökologischem Wert als Lebensraum für selten gewordene Pflanzen und Tiere.

Artenvielfalt entwickelt sich jedoch nur in einem naturnah gestalteten Garten ohne Chemie. Am Teich mit seinem Umland entsteht in kurzer Zeit eine natürliche Lebensgemeinschaft von Pflanzen und Tieren, die vom Wasser abhängig sind. Pflanzenreiche Gewässer ziehen bald die Tierwelt der nahen und ferneren Umgebung an. Sie bieten Laichplätze für Amphibien sowie Aufenthalt für Libellen- und Köcherfliegenlarven, für Wasserkäfer wie für die Vielzahl der im Wasser schwebenden Kleinstlebewesen. Auch Vögel halten sich bevorzugt in Gewässernähe auf.

Wer einen solchen Teich selbst anlegen und pflegen will, sollte vorher die wesentlichen Standortansprüche der Pflanzen und die Lebensgewohnheiten der Tiere kennenlernen. Hierüber gibt es ausreichend Fachliteratur, eigene Beobachtungen können dann das Erlernte ergänzen.

Je größer die Teichanlage und je naturnäher das Umland, desto eher siedeln sich anspruchsvolle Arten an. Aber auch schon kleine Gartenteiche bilden ein Biotop, bieten Anregung und laden alt und jung zum Verweilen und Beobachten ein. Seit wir einen Teich besitzen, ist allerdings auch der übrige Garten weniger interessant geworden; denn jeder Besucher lenkt seine Schritte zuerst zum Wasser.

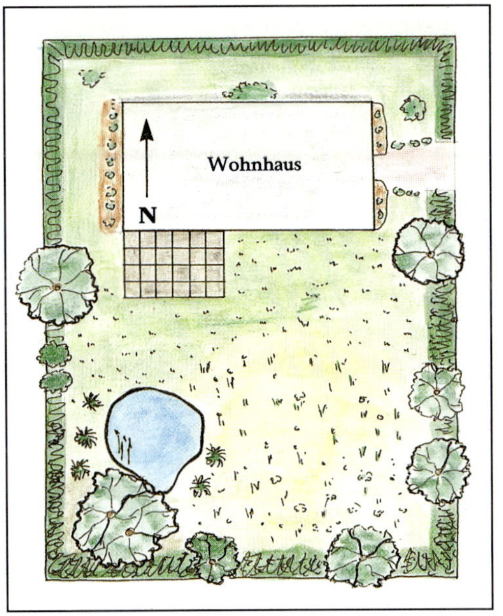

Beispiel für den Standort eines Teiches und die Anlage seiner Umgebung in einem mittelgroßen Garten

Lage im Garten

Man sollte einen ruhigen, wenig genutzten Garteneil wählen, der jedoch nach Möglichkeit vom Wohnzimmerfenster und von der Gartenterrasse gut einsehbar ist. Eine von Gehölzen beschirmte Bank könnte zum Verweilen einladen. Die Wasserfläche sollte zu etwa zwei Drittel in eine artenreiche Uferbepflanzung eingebunden sein. Ein Drittel des angrenzenden Uferbereichs bleibt für eine Rasenfläche als Beobachtungsstandort. Ein Weg aus Abbruchziegeln oder Trittplatten bietet Zugang zum Teich und seiner Umgebung und erleichtert die Pflege. Der Aushub wird am günstigsten im Teichhintergrund zu einem flachen Hügel aufgeschüttet, mit Mutterboden überdeckt und bepflanzt.

Teichgröße und Teichtiefe

Schon eine Pfütze kann für viele Pflanzen- und Tierarten einen Lebensraum darstellen. Je größer wir jedoch den Teich anlegen, desto ökologisch stabiler und artenreicher ist seine Pflanzen- und Tierwelt. Von unserem rund 600 m² großen

Gartengrundstück wählten wir 12 m² für den Teich selbst, mit Uferbepflanzung ergab sich eine Fläche von 30 m² für den ganzen Teichbereich. Die Tiefe wird bestimmt von den Standortansprüchen der Wasserpflanzen und -tiere. Ist zum Beispiel für eine Seerose eine optimale Pflanztiefe von 80 cm angegeben, so bezieht sich dies auf den Abstand von der Wasseroberfläche zum Wurzelhals, dazu kommt die Tiefe des Pflanzgefäßes mit rund 30 cm und der 10 cm hohe Beckenrand über der Wasserfläche – das wären also insgesamt 120 cm Tiefe. Auch für die im Teich überwinternden Wassertiere, wie manche Jungmolche, Grasfrösche und Insektenlarven, ist diese Wassertiefe erforderlich. Es genügt jedoch, etwa ein Drittel des Profils so tief auszuheben, da viele Pflanzen eine geringere Wassertiefe benötigen.

Bestimmende Größen für die Teichtiefe: h = Pflanztiefe; H = Beckentiefe

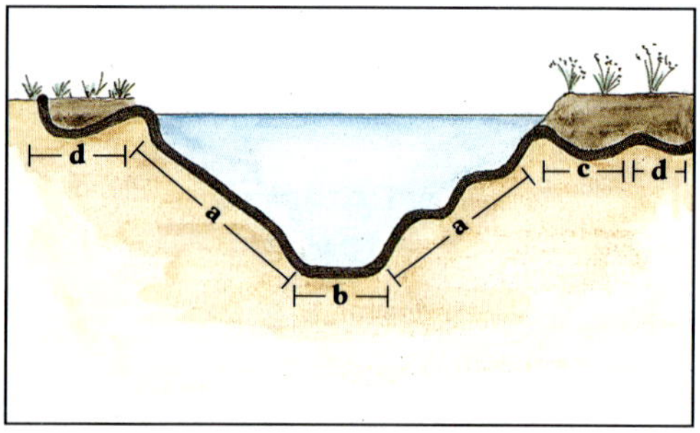

Durchmesser des Profils = 2xa + b + c + 2xd (a = Böschung; b = Boden; c = Feuchtbeet; d = Oberlappen)

Folien als Dichtungsmaterial

Für kleine, nur wenige Quadratmeter große Gartenteiche eignen sich vorgefertigte Kunststoffbekken. Sie gelten als absolut dicht und winterfest. Wegen der meist steilen Wände sind sie jedoch für eine naturnahe Bepflanzung und ein Ansiedeln von Amphibien weniger geeignet.

Bei unserem 12 m² großen Teich hatten wir uns für die Verwendung einer PVC-Folie entschieden. Man kann sie leicht selbst verlegen und Form sowie Ausbildung der Wuchszonen nach Bedarf bestimmen. Die weiche Folie paßt sich gut dem Gelände an, wenn sie bei Temperaturen ab 15° C verlegt wird. Die PVC (Poly-Vinyl-Chlorid)-Folie wird im Handel in unterschiedlicher Güte und verschiedener Stärke angeboten. Bei der Auswahl sollte man sich vom Fachmann beraten lassen. Die Teichfolie muß langlebig, wasserdicht, temperatur- und UV-Licht-stabil sein. Billiges Material verliert besonders nach strengen Wintern den Weichmacher, wird hart und spröde. PVC-Folien dürfen nicht mit Holzschutzmitteln und Farbstoffen in Berührung kommen. Für kleine Becken genügt eine 0,5 mm starke Folie, bei mittelgroßen Becken ab 10 m² sollte die Stärke schon 0,8 mm – 1,0 mm betragen. Die Folien werden häufig mit 2 m Breite geliefert. Man kann sie mit Spezialkleber selbst verbinden. Einfacher und oft auch sicherer ist es, wenn man die Folie in der gewünschten Form und Größe fertig verschweißt bestellt.

Die erforderliche Größe der Plane ergibt sich durch Multiplizieren des Längsdurchmessers mit dem des Querprofils. Zu deren Ermittlung legt man ein Maßband oder Seil quer über den Teichboden. Die obenstehende Abbildung zeigt, wie sich der Durchmesser zusammensetzt. Für ein Becken von rund 10 m² Wasserfläche und 1,20 m Tiefe mit einem 1 m breiten Feuchtbeet benötigt man zum Beispiel rund 30 m² Folienfläche. Am besten wird die Folie etwas größer gewählt, Reststreifen kann man dann für einen Bachlauf oder Wasserfall als Abdichtung verwenden.

Anlage eines Folienteiches

Zunächst wird die vorgesehene Uferlinie mit Pflöcken markiert und das Becken mitsamt der späteren feuchten Uferzone terrassenförmig aus-

Beim Ausheben wird das Becken gleich entsprechend den verschiedenen Tiefenzonen modelliert

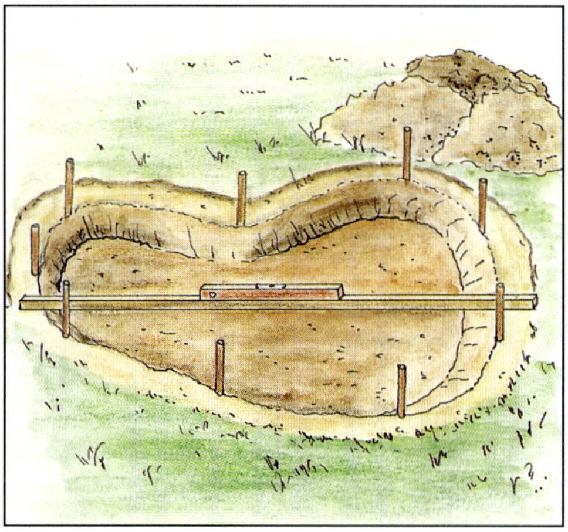

Die Uferlinie sollte man ausspflocken und auf waagerechte Lage prüfen

gehoben. Den Aushub kann man als Bodenwelle auf der Südseite des Teiches aufschütten und mit Hochstauden und lichtkronigen Gehölzen bepflanzen.

Der geeignete Zeitpunkt für Ausheben, Einlegen der Folie und die gleich anschließende Wasserfüllung ist der Herbst. Die Bepflanzung erfolgt zweckmäßigerweise bei frostfreiem Boden im Frühjahr.

Der Teichgrund muß frei sein von spitzen Steinen und Wurzeln, von Unkräutern wie Schachtelhalm oder Quecke. Bei kiesigem Untergrund lohnt es sich, zum Schutz der Folie eine Sandschicht aufzutragen oder ein Spezial-Teichvlies unter der Folie auszulegen. Gegen das Eindringen von Baumwurzeln empfiehlt sich eine senkrechte Trennwand aus Magerbeton oder Blech, die etwa 1 m tief in die Erde eingelassen wird. Grundsätzlich sollte man am Teich keine stark wuchernden

Das Feuchtbeet kann man mit Kieselsteinen begrenzen, Ziegelsteine dienen zum Beschweren der Folie

Gehölze wie Sanddorn oder Essigbaum anpflanzen, ihre Wurzeln können selbst Teerdecken durchdringen. Zum Fernhalten von Wühlmäusen und sonstigen Nagern verwendet man ein kunststoffbeschichtetes, engmaschiges Drahtgeflecht, das zum Schutz der Folie mit einer Sandschicht überdeckt wird.

Bei der Festlegung der Höhe der Uferlinie und des Ablaufrohrs sollte man unbedingt die Wasserwaage zu Hilfe nehmen. Die Plane wird ausgelegt und ihr Rand mit Ziegelsteinen beschwert. Die Böschung bedeckt man im Uferbereich zum Schutz vor UV-Strahlen mit runden Quarzkieseln. Um ein Abrutschen zu verhindern, sollte man eine sogenannte »Antirutschmatte« unterlegen.

Wichtig ist, daß das Becken umgehend mit Wasser aufgefüllt wird, um die Folie an den Untergrund zu drücken. So erlebten wir beim Teichbau folgende Panne: Nachdem wir die Folie im Teichgrund ausgelegt und am Rand mit Ziegeln beschwert hatten, blieb das Becken zunächst leer. Als wir nach einer regenreichen Woche wiederkamen, schwamm die Folie oben.

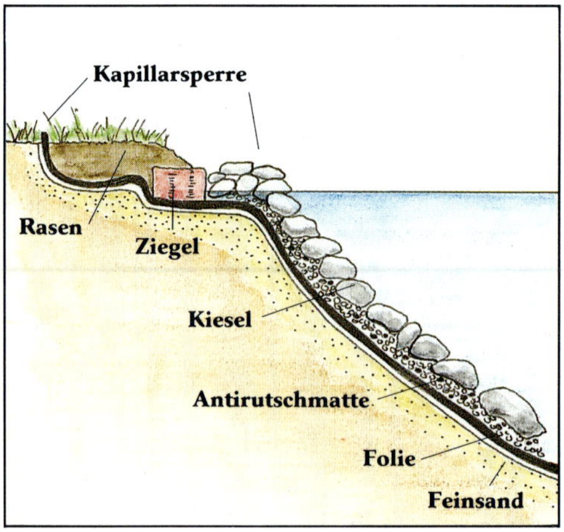

Sachgemäße Ausgestaltung von Uferrand und Böschung bei einem Folienteich

Kapillarer Wasserentzug

Teiche verdunsten an der Oberfläche ständig Wasser. Ein weiterer Verlust entsteht durch den sogenannten kapillaren Wasserentzug über die haarfeinen Hohlräume im Boden der Uferrandzone. In Trockenzeiten kann so der Wasserspiegel rasch absinken, während das Umland nach regenreichen Tagen versumpft.
Dieser kapillare Wasserentzug läßt sich durch Kieselsteine längs der Grenzlinie zwischen Wasserspiegel und Uferboden unterbrechen. Der überlappende Teil der Folie unter der Rasenfläche wird hochgezogen und knapp unter der Oberfläche abgeschnitten. Das Gegenteil wollen wir mit dem Feuchtbeet erreichen, das stets mit dem Teichwasser verbunden ist. Die Erde im Uferbereich saugt das Wasser an und versorgt so stetig feuchtigkeitsabhängige Pflanzen wie Primeln.

Zulauf und Überlauf

Die erste Teichfüllung erfolgt mit Leitungswasser aus dem Gartenschlauch, sobald die Folie ausgelegt ist. Nach dem Einsetzen der Wasserpflanzen sollte nur noch Regenwasser nachgefüllt werden. Eine Reserve an Regenwasser liefert das Regenfaß am Haus. Zum Nachfüllen legt man zunächst das eine Ende eines Gartenschlauches in den Teich; das andere wird mit Leitungswasser aufgefüllt, bis alle Luftblasen entwichen sind. Dann verschließt man dieses Ende sofort mit dem Daumen und taucht es bis zum Grund des Wasserfasses ein. Das Faß läuft nun leer und füllt so ohne weiteres Zutun den Teich, solange dessen Wasserspiegel tiefer liegt als der im Faß.
Nach Regenfällen leitet man überschüssiges Wasser durch ein Überlaufrohr in einen Sickerschacht bzw. die Dränage ab. Das Rohr liegt in Höhe des mittleren Wasserspiegels der Folie auf.
Um den Teich völlig zu entleeren, läßt sich die Unterwasserpumpe verwenden, die sonst den Wasserfall betreibt. Die Installierung der Pumpe mit einem Elektrokabel vom Haus zum Teich sollte durch einen Fachmann erfolgen.

Mit Hilfe eines wassergefüllten Schlauchs kann man Regenwasser aus einem Faß in den Teich leiten

Das Überlaufrohr liegt der Folie auf und mündet in einen Sickerschacht

Teich oder Sumpf?

In der Gartenliteratur wird häufig das Aufbringen einer rund 30 cm starken Lehmschicht auf die Folie empfohlen. Dies ist für kleine Gartenteiche völlig ungeeignet. Auch das Überdecken des Teichgrundes mit Bodenschlamm aus Weihern, mit Sand oder mit Torfmull als Pflanzsubstrat ist abzulehnen. Wasserpflanzen stellen keine hohen Ansprüche an den Nährstoffgehalt. Ein zu üppiges Wachstum kann sogar problematisch werden. So verhindern zu mastige Seerosenblätter den Lichteinfall und den Gasaustausch.
Gegen eine dickere Auflageschicht auf der Folie spricht auch, daß man Wasserpflanzen in einem durchwurzelten Teichboden nach wenigen Jahren kaum noch auswechseln kann, ohne die Folie zu verletzen. Ein Nachbar hatte den Grund seines 20 m² großen, 60 cm tiefen Teiches mit einer Lehmschicht überdeckt und bepflanzt. Bereits nach zwei Jahren bildete sich ein Sumpf mit Algenblüte, also mit kräftigem Bewuchs dieser lästigen Pflanzen. Im dritten Jahr war der Teich so verlandet, daß er mit der Sense ausgemäht werden mußte. Lurche und eingesetzte Fische waren abgewandert bzw. eingegangen, nachdem sie kein offenes Wasser mehr gefunden hatten.
Der Gefahr rascher Versumpfung und Veralgung kann man vorbeugen. Ungeeignet sind zum Beispiel flache Becken in voller Sonne. Weiterhin verwendeten wir in unserem Teich nur austauschbare Pflanzgefäße, die Folie bedeckten wir mit Kieselsteinen. Das Einschwemmen von Mutterboden und Nährstoffen aus dem Umland vermindert man durch eine Ziegelsteinreihe längs der Uferbepflanzung. Im Herbst sollte man ein Netz über den Teich spannen, um eine Ansammlung von Laub im Wasser zu verhindern.

Eintrübung und Algenwuchs

Gelegentliche Frühjahrs- und Herbsttrübung wie auch das zeitweise Auftreten von Grünalgen sind natürliche Vorgänge. Auch beim anfänglichen Einlassen von Leitungswasser kommt es durch das Aufwirbeln von Pflanzerde vorübergehend zur Trübung. Dies kann man vermeiden, indem man die Pflanzgefäße mit Sand und Quarzkieseln abdeckt. Auch hohe Erwärmung führt zur Wassertrübung durch massenhaftes Auftreten mikroskopisch kleiner Lebewesen wie Aufgußtierchen (Infusorien), Bakterien und Schwebealgen.
Grundsätzlich sollte man im kleinen Gartenteich keine Fische halten, da sie zu Überdüngung und Gewässerverschmutzung beitragen. Daneben bilden sie auch eine Gefahr für Wassertiere und Lurche, deren Laich sie vernichten. Wenig Freude erlebt man mit Goldfischen. Der Bodengrund wird ständig aufgewühlt. Reichliche Fütterung mit der Folge vermehrter Ausscheidungen bewirkt eine Nährstoffanreicherung und fördert so übermäßigen Algenwuchs.
Dagegen ist ein geringer Algenbestand nützlich für viele Wassertiere. Durch nährstoffzehrende Wasserpflanzen und Kleinstlebewesen wird in gering belasteten Teichen bald wieder ein biologisches Gleichgewicht hergestellt. Eine Wassererneuerung mit Leitungswasser bringt dagegen nur kurzfristige Besserung. Die Erhöhung des pH-Wertes durch das meist kalkhaltige Leitungswasser fördert das Algenwachstum.

Wassergüte

Für das Leben im Teich spielen neben seiner Größe und Tiefe, neben Belichtung und Temperatur vor allem der Härtegrad und der Nährstoffgehalt des Gewässers eine Rolle. Im Teichwasser sind unter anderem Nährstoffsalze wie Nitrate,

Bei hochsommerlichen Temperaturen kann es zur zeitweiligen Wassertrübung durch Algen kommen

Nährstoffanreicherung im Teich läßt sich durch eine geeignete Bepflanzung vermeiden

Phosphate, Chloride und Sulfate gelöst. Durch eingeschwemmten Dünger von angrenzenden Flächen wird ihre Konzentration oft unabsichtlich vergrößert. Sind solche Nährstoffe im Übermaß vorhanden, können sich bei Sauerstoffmangel schädliche Ammoniakgase und Schwefelwasserstoffgase entwickeln. So zeigt zum Beispiel das Auftreten von Blaualgen alkalisches Wasser an (vgl. Kapitel »pH-Wert«), das biologisch nicht mehr in Ordnung ist. Der Teich wird zur übelriechenden Pfütze. Eine – mindestens teilweise – Wassererneuerung wird erforderlich.

Dem beugt ein geeigneter Bewuchs vor. Gerade Schwimm- und Unterwasserpflanzen verbrauchen überschüssige Nährstoffe, sie verhindern die zunehmende Eutrophierung (Nährstoffanreicherung) und schränken so auf natürliche Weise den Algenwuchs ein.

Das Vorkommen von Flohkrebsen, Köcherfliegenlarven, Steinfliegenlarven und Strudelwürmern deutet auf gute Wasserqualität hin, ein stärkeres Auftreten von Wasserasseln, Egeln und Zuckmückenlarven dagegen ist charakteristisch für ein verschmutztes Gewässer.

pH-Wert

In der Natur finden wir in nährstoffarmen Torftümpeln und Gewässern mit Urgesteinsböden sogenanntes weiches Wasser sauren Charakters vor, während nährstoffreiche Weiher mit kalkreichem Untergrund hartes Wasser alkalischen Charakters führen.

Zur Erläuterung dieser Begriffe ist ein kleiner Exkurs in die Chemie notwendig. Ob ein Gewässer sauer oder alkalisch genannt wird, hängt von seiner Konzentration an kleinsten Wasserstoffteilchen, den Wasserstoffionen ab. Auch das Wasser kann man in kleinste Teilchen »zerlegen«, sie heißen Moleküle und tragen die chemische Bezeichnung H_2O (H = Wasserstoff, O = Sauerstoff). Diese Moleküle sind aber keine untrennbaren Einheiten, sie setzen sich nämlich aus einem positiv geladenen H^+-Ion und einem negativ geladenen OH^--Ion zusammen. Die Wasserstoffionen (H^+) sind nun für die saure Wirkung verantwortlich, die Hydroxidionen (OH^-) für die alkalische oder basische Wirkung.

Da reines Wasser von beiden die gleiche Menge enthält, ist es weder sauer noch alkalisch, sondern neutral. Teichwasser, Regenwasser oder auch Leitungswasser sind jedoch im chemischen Sinne nicht »rein«; in ihnen ist meist eine Vielzahl zusätzlicher Substanzen wie zum Beispiel Nährstoffsalze gelöst, die wiederum einen bestimmten Anteil an Wasserstoff- und Hydroxidionen enthalten. Andererseits finden sich diese beiden Ionen nicht nur in Wasser, sondern auch in anderen Flüssigkeiten.

Die saure Wirkung kann man sich veranschaulichen, wenn man an Zitronensaft denkt, der nach der eben erläuterten trockenen Chemie zahlreiche Wasserstoffionen enthält. Eine alkalisch wirkende Substanz mit vielen Hydroxidionen wäre beispielsweise die Seifenlauge.

Der Säuregehalt bzw. Säuregrad wird also durch die Zahl der Wasserstoffionen bestimmt, deren Konzentration man ermitteln kann. Durch mathematische Umformung wird daraus der pH-Wert errechnet. Die Skala des pH-Werts reicht von 0 bis 14, eine Änderung des pH-Werts um 1 bedeutet eine Änderung der Wasserstoffionenkonzentration um das Zehnfache.

Mit Hilfe dieses pH-Werts kann man nun einfach und genau angeben, ob und wie stark eine Substanz sauer oder alkalisch wirkt bzw. reagiert. Dabei bedeutet ein

- pH-Wert kleiner 7: saure Reaktion
- pH-Wert gleich 7: neutrale Reaktion
- pH-Wert größer 7: alkalische Reaktion

Die meisten Wasserpflanzen und -tiere fühlen sich bei einem neutralen pH-Wert am wohlsten

Primeln und einige andere Pflanzen des Feuchtbeetes bevorzugen ein leicht saures Milieu

Speiseessig hat beispielsweise einen pH-Wert von 3,1, eine Seifenlösung liegt dagegen mit einem pH-Wert von 10–11 deutlich im alkalischen Bereich. Neutral ist, wie bereits erwähnt, reines Wasser.

Für den Hobbygärtner liegt die praktische Bedeutung dieser Zusammenhänge darin, daß Pflanzen ganz bestimmte Ansprüche an den pH-Wert ihrer Umgebung stellen, wobei sie meist keine Extreme vertragen. Nicht nur die bisher genannten Flüssigkeiten und das Teichwasser haben einen bestimmten pH-Wert, sondern auch der Gartenboden und die Pflanzerde. Torf zum Beispiel ist stark sauer, ein kräftig gekalkter Gartenboden dagegen alkalisch. Ein hoher Kalkgehalt bewirkt indirekt auch einen hohen pH-Wert. Deshalb ist unser meist kalkhaltiges Leitungswasser alkalisch. Für den Kalkgehalt des Wassers kennt man auch den Begriff der Wasserhärte, demnach wird kalkarmes Regenwasser als weich, kalkreiches Leitungswasser dagegen als hart bezeichnet.

Der optimale Wert für Wasserpflanzen und -tiere liegt bei einem pH von 6,8–7,1 (schwach sauer bis neutral). Manche Ufer- und Moorbeetpflanzen, wie viele Primelarten, mögen es etwas saurer. Für sie beträgt der optimale pH-Wert 5–6. Im nährstoffreichen Pflanzenteich steigt mit höherer Temperatur der pH-Wert rasch auf 8–9 (stark alkalisch) an. Für manche Pflanzen und Tiere wirkt dies bereits tödlich. Man sollte den Zustand des Teichwassers und des Feuchtbeetes laufend mit einem in Fachgeschäften erhältlichen Indikator (pH-Wert-Teststreifen) kontrollieren. Auch die Untersuchung des Bodenzustands und des Nährstoffgehalts der Pflanzerde ist angebracht.

Durch Versenken eines Rupfensacks mit saurem Hochmoortorf kann das Teichwasser zumindest vorübergehend angesäuert werden. Kalkhaltiges Leitungswasser und wasserlösliche Kalksteine sind tunlichst zu vermeiden. In Gegenden mit kalkarmen Böden und extrem sauren Niederschlägen ist ein Ansäuern überflüssig. Zu saures Wasser wird von Fröschen und Kröten gemieden.

Licht und Schatten

Wasserpflanzen wie Seerosen blühen zwar am reichsten in voller Sonne, sie gedeihen und blühen jedoch auch im Halbschatten. Die meisten Wasserpflanzen brauchen ebenso wie die Uferpflanzen des Feuchtbeetes eine Abschirmung gegen die Mittagssonne. Die Blütezeit dauert dann wesentlich länger an. Unser lichtkroniger Vogelbeerbaum auf der Südseite des Teiches hat sich in dieser Beziehung als sehr günstig erwiesen: Er verhindert eine zu starke Belichtung und Erwärmung über die Mittagszeit.

Wassertiere wie Lurche benötigen kühleres, sauerstoffreiches Wasser. Das Temperaturoptimum für Molche liegt bei 18° C. Wir konnten beobachten, daß sich Frösche und Molche in der warmen

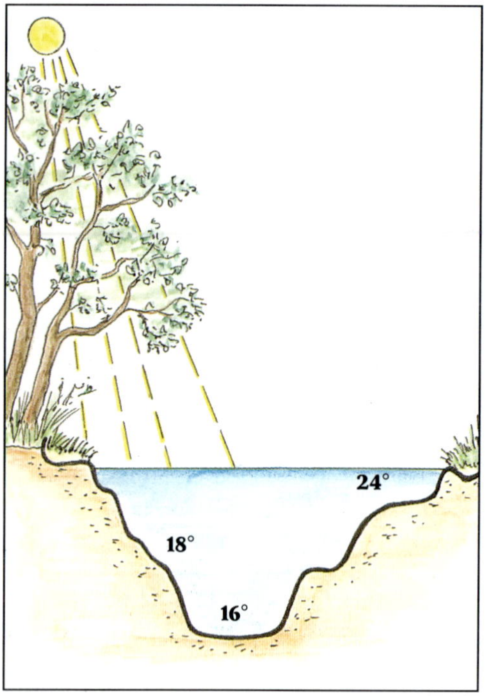

Gehölze an der Südseite sorgen auch im Sommer für pflanzen- und tierverträgliche Temperaturen

Jahreszeit bei über 20° C vorwiegend in tieferen Wasserschichten unter Seerosenblättern bzw. an der um einige Grade kühleren, von Bäumen und Hochstauden beschatteten Seite aufhielten. Mit einem Digitalthermometer stellten wir fest, daß im besonnten Teil die Mittagstemperaturen durchschnittlich um 3–5° C höher lagen. Zur Veranschaulichung seien hier einige Meßwerte genannt (Messung am 1. 7. 1987, mittags):

- Luft: 22° C
- Wasser, besonnt: 21° C
- Wasser, beschattet: 17° C

Im Frühjahr wird dagegen der flache, stets besonnte Teil des Teiches als Laichplatz von Fröschen und Molchen bevorzugt. Auch hierzu ein paar Temperaturmeßwerte als Beispiel (Messung am 2. 4. 1988, mittags):

- Luft: 12° C
- Wasser, flach: 11° C
- Wasser, 50 cm tief: 7,5° C

Sauerstoff

Sauerstoffmangel kann zum Tod der kiemenatmenden Wassertiere führen, dies gilt besonders für pflanzenarme Gewässer.
Wie alle grünen Pflanzen sind die Wasserpflanzen in der Lage, sich Kohlendioxid aus der Luft anzueignen und unter Einwirkung des Sonnenlichts zu pflanzeneigenen Kohlehydraten umzuwandeln. Bei diesem Prozeß, den man Assimilation nennt, wird Sauerstoff frei. Dabei kann kaltes Wasser mehr Sauerstoff aufnehmen als warmes Wasser. Bei voller Sonneneinstrahlung kommt es besonders in flachen Becken zu rascher Erwärmung. Es folgt ein starker Aufwuchs an Algen, bei deren Zersetzung nach dem Absterben der letzte Sauerstoff verbraucht wird, was beispielsweise zu einem Fischsterben führen kann. Weniger gefährdet sind tiefe, pflanzenreiche Teiche, die während der Mittagszeit beschattet sind. Durch das Leitgewebe der Wasserpflanzen wird Sauerstoff aus der Atmosphäre dem Teichgrund zugeführt. Wichtige Sauerstoffproduzenten sind vor allem Unterwasserpflanzen, zum Beispiel Hornblatt, Tausendblatt und die Laichkrautarten, auch der wintergrüne Frühlingswasserstern und die Armleuchteralge. Über Winter läßt man Überwasserpflanzen wie die Strandbinse stehen; sie leiten Sauerstoff durch die Eisdecke zum Grund.
In akuten Fällen von Sauerstoffmangel sollte das Teichwasser teilweise erneuert werden. Auch gelegentliche Frischwasserzufuhr und Wasserbewegung, zum Beispiel durch eine Umwälzpumpe, kann den Sauerstoffmangel beheben.

Auch ein kleiner Wasserfall vermehrt durch die ständige Bewegung den Sauerstoffgehalt im Teich

Die Praxis des Pflanzens und Pflegens

Pflanzen in Gemeinschaften

Im künstlich angelegten Gartenteich sowie an seinem Uferbereich versuchen wir die Pflanzen so anzuordnen, daß sie zu Pflanzengemeinschaften, mit jeweils ähnlichen Standortansprüchen, zusammenwachsen.
Bei der Pflanzenauswahl wird man sowohl ökologische und ästhetische Kriterien beachten, als auch Eigenschaften wie Wüchsigkeit und Verträglichkeit mit benachbarten Gewächsen berücksichtigen. Schwachwüchsige Arten sollte man generell von starkwüchsigen trennen. Dies erleichtert auch wesentlich die weitere Pflege.
Die Sumpf- und Wasserpflanzen, die Feuchtbeetpflanzen des Uferrandes, die Hochstauden und robusten Bodendecker des Teichhintergrundes sind in den nachfolgenden Kapiteln in getrennten Gruppen zusammengefaßt und beschrieben, um ein Pflanzen in sinnvollen Gemeinschaften zu erleichtern. Grundsätzlich ist zu bedenken, daß ein willkürliches Durcheinander nur Unruhe bringt, edle Arten werden zudem überwuchert und verdrängt. In Gruppen geordnet entstehen dagegen Höhepunkte des blühenden Farbenspiels über die ganze Vegetationszeit. So wird die frühe Blüte der Primelarten, von Iris und Akelei im Juli abgelöst durch die Hochstauden des Teichhintergrundes. Mädesüß und Moschusmalve, Blutweiderich und die hohe Glockenprimel geben ein Farbkonzert in weißen, rosa und gelben Tönen. Anschließend blühen Eisenhut und Gelenkblume bis zum Frost.

Pflanzung

Wasserpflanzen werden in Gittergefäße oder Körbe gepflanzt und bei abgesenktem Teichwasser in der jeweils entsprechenden Tiefe aufgestellt. Ein Auspflanzen im Teichgrund ist nicht zweckmäßig, denn wenn in wenigen Jahren die Pflanzen miteinander verwachsen sind, wird ein Auswechseln und Verjüngen aussichtslos. Auch beschädigt man bei solchen Versuchen sehr leicht die Folie.
Nach dem Aufstellen der Pflanzkörbe wird vorsichtig mit dem Gartenschlauch Wasser eingelassen. Seerosen stellt man zunächst nur so tief, daß ihre Blätter noch schwimmen. Erst mit dem weiteren Wachstum werden sie bis zum Teichgrund versenkt.
Um ein Ausschlämmen der Erde zu verhindern, sollte man die Innenwand des Gittergefäßes mit Rupfen oder einem Tuch überziehen und die Oberfläche mit Kieselsteinen abdecken. Sumpfpflanzen setzt man in die flach mit Wasser bedeckte Folienmulde des Teichrandes, die man auch mit Steinen abdeckt. Unterwasserpflanzen

Der Natur abgeschaut: ökologisch sinnvolle und attraktive Pflanzengemeinschaften

Gepflanzt wird in Körbe oder andere Gefäße, die man bei abgesenktem Wasserstand aufstellt

Empfindliche Pflanzen und Raritäten des Feuchtbeetes sollte man zunächst im Pflanztopf »abhärten«

Die Auswahl von Stauden erfolgt am besten zum Zeitpunkt der Blüte

wie die Wasserpest oder der Wasserstern werden in flache, mit Lehm gefüllte Schalen gedrückt, die man am Teichgrund aufstellt. Wurzellose Schwimm- und Unterwasserpflanzen wie Seekanne oder Krebsschere kann man aus dem Wasserbeutel sofort in den Teich werfen. Sie verankern sich bis zum Herbst im Bodenschlamm. Landpflanzen werden mit Ballen oder im Containertopf angeboten. Sie lassen sich über die ganze Vegetationszeit pflanzen.

Boden und Pflanzerde

Als Substrat für Sumpf- und Wasserpflanzen eignet sich unkrautfreier Lehm, vermischt mit etwas Sand und Torfmull. Auf keinen Fall darf humose Gartenerde, Kompost oder gar Kuhdung verwendet werden, da sonst mit zu üppigem Wachstum gerechnet werden muß (das führt zum Beispiel zu Seerosenblättern, die den ganzen Teich bedecken). Die meisten Wasserpflanzen holen sich die Nährstoffe direkt aus dem Wasser. Manche Sumpfpflanzen wie Fieberklee und Wollgras haben Sonderansprüche und verlangen sauren Moorboden. Bei den Standorten der Landpflanzen unterscheidet man zwischen dem stets bodenfeuchten Teichrandbeet und dem Teichhintergrund. Im Bereich des **Feuchtbeetes** geht man so vor: Über die Folienmulde kommt eine handhohe Dränage aus Kieselsteinen zur Belüftung, darüber eine rund 30 cm hohe Schicht aus Hochmoortorf, vermischt mit etwas Lehm und Sand. Die Pflanzerde muß völlig unkrautfrei sein, wenn man die Mühe ständigen Jätens vermeiden will. Da Torfmull nährstoffarm ist, sollte man etwas Urgesteinsmehl beigeben und im Herbst mit Rindenkompost mulchen, also eine Bodenbedeckung durchführen.
Im Gegensatz zu den Blütenstauden des Feuchtbeetes bevorzugen die Hochstauden des **Teichhintergrundes** einen tiefgründigen, frischen, nährstoffreichen Lehm, den man für empfindlichere Waldrandstauden mit Lauberde vermischt. Es läßt sich auch die durchgesiebte humose Muttererde des Teichaushubs verwenden. Bei durchlässigem Untergrund ist es angebracht, eine wasserundurchlässige Tonschicht einzubringen. Die meisten Hochstauden verlangen Feuchtigkeit.

Tips zum Pflanzenkauf

Für die Erstbepflanzung fertigt man sich am besten eine Bepflanzungsskizze an, listet die benötigten Pflanzen mit ihrer botanischen Bezeichnung auf und legt die jeweilige Stückzahl fest. Bei kleineren Teichanlagen sollte man sich zunächst auf wenige, bewährte Pflanzen beschränken.
Staudengärtnereien und Fachgeschäfte bieten heute ein umfangreiches Angebot sowohl an Sumpf- und Wasserpflanzen als auch an Abkömmlingen von Wildstauden, die sich für

Auch größere Bestände wildwachsender Pflanzen sollten nicht zur »Selbstbedienung« verleiten

feuchte und halbschattige Uferbereiche eignen. Es ist daher nicht nötig, sondern wäre verantwortungslos und sträflich, sich Pflanzen aus der freien Natur zu beschaffen.
Wasserpflanzen erhält man im Containertopf oder auch im wassergefüllten Kunststoffbeutel, Landpflanzen mit Ballen, kleinere Stauden im Topf. Auswählen sollte man nur Pflanzen, die den Gütebestimmungen des Fachhandels entsprechen, die also gesund und wüchsig sind.

Keine Pflanzen aus der freien Landschaft!

Der an sich begrüßenswerte Trend, private Naturgärten und Teiche anzulegen, darf nicht dazu führen, daß letzte natürliche Bestände geplündert und weiter dezimiert werden. Dazu sollte kein verantwortungsbewußter Hobbygärtner beitragen. Ein weiterer Grund, der gegen das Beschaffen von Pflanzen aus der freien Natur spricht, ist die Gefahr, sich mit den Wildpflanzen Unkräuter wie zum Beispiel Sauergräser in den Garten zu holen, die man dann nicht mehr los wird.
Wissen sollte man auch, daß es nach § 21 des Bundesnaturschutzgesetzes verboten ist,
1) wildwachsende Pflanzen mißbräuchlich zu entnehmen, zu nutzen oder zu verwüsten;
2) wildlebende Tiere mutwillig zu beunruhigen oder ohne vernünftigen Grund zu fangen.
Umgekehrt ist es auch verboten
3) Tiere gebietsfremder, wildlebender Arten auszusetzen oder anzusiedeln, sowie Pflanzen gebietsfremder, wildwachsender Arten, die nicht Kulturpflanzen sind, in der freien Natur auszubringen.
In Österreich und in der Schweiz ist ein Ansiedeln gebietsfremder Arten nur mit behördlicher Genehmigung gestattet. Das Verbot der Entnahme wildlebender Pflanzen und Tiere beschränkt sich zwar auf geschützte Arten, die entsprechenden Listen sind jedoch in beiden Ländern recht umfassend. In Österreich ist der Artenschutz Landessache, die Bestimmungen der Bundesländer sind aber in etwa gleich.

Pflanzzeit

Wasserpflanzen lassen sich ab Mitte Mai über den ganzen Sommer pflanzen, **Sumpfpflanzen** auch noch bis in den Herbst. Das Teilen und Verpflanzen von Seerosen führt man am besten im Mai, zur Zeit des Austriebs durch.
Landpflanzen können, sobald der Boden offen ist, vom Frühjahr bis Spätherbst gepflanzt werden. Grundsätzlich sind Frühjahrsblüher besser schon im September zu setzen. Um im Winter ein Hochfrieren zu vermeiden, sollten sie mit Rindenkompost und Fichtenreisig abgedeckt werden. Dasselbe gilt für die frühjahrsblühenden Blumenzwiebeln, die man vor Kleingehölzen oder sommerblühenden Stauden plazieren kann. Alle Herbstblüher werden nach der Blüte oder im Frühjahr gepflanzt. Die meisten Stauden kann man auch in der Blüte umsetzen, dies sollte jedoch nur bei Regenwetter oder am Abend erfolgen.

Vermehrung

Die meisten **Wasserpflanzen** lassen sich durch Teilung nach der Blüte vermehren, einige auch mit Hilfe von Sproßteilen, die man ins Wasser wirft oder in eine Erdschale steckt, die dann im Teich verankert wird.

Die Samen des Enzian und anderer Gebirgspflanzen keimen nur bei Frosttemperaturen

Ein solches Netz kann bei kleineren Teichen die Anhäufung von Herbstlaub im Wasser verhindern

Bei **Wildstauden** lohnt es sich, selbst Samen zu ernten und unmittelbar nach der Reife in einen halbschattig gelegenen Blumenkasten auszusäen. Es gibt Licht- und Dunkelkeimer oder auch Arten, die erst nach Jahren keimen. Einige unserer Stauden, besonders die alpiner Herkunft, sind Frostkeimer. Dazu zählen Primelarten, Enzian und Christrosen. Sie werden erst Anfang Januar bei ca. 10° C Kälte ausgesät und mit Schnee bedeckt. Die meisten Stauden und Gräser lassen sich mit scharfem Spaten teilen. Das gelingt jedoch nicht bei Gewächsen mit rübenförmigem Wurzelstock wie Akelei, Moschusmalve und Eisenhut.

Hinweise zur Pflege

Das Ausmaß an laufenden Pflegemaßnahmen entscheidet sich bereits mit der Anlage. Der Teich soll ausreichend tief und über die Mittagszeit beschattet sein. Wesentlich ist auch die richtige Anordnung in Pflanzengemeinschaften. Jede Nährstoffanreicherung muß vermieden werden, deshalb sollte man auch keine Fische halten. Wasserpflanzen werden möglichst in austauschbaren Pflanzgefäßen eingebracht.

Sumpfpflanzen erfordern keine besondere Pflege. Stärker wuchernde Stauden wie die Gauklerblume, die sich auch selbst aussamt, sind nach der Blüte abzuschneiden.

Wasserpflanzen: In den ersten Monaten treten in neuen Teichanlagen vermehrt Grünalgen auf, die laufend abgefischt werden müssen. Bei starkwüchsigen Schwimmblattpflanzen wie der Seerose sind die absterbenden Blätter und Blüten zu entfernen. Wuchernde Unterwasserpflanzen wie Laichkraut und Wasserpest werden im Sommer und Spätherbst eingekürzt bzw. ausgerissen. Die Halme der Strandbinse zum Beispiel läßt man im Winter stehen. Sie sorgen für Luftaustausch und verhindern die Bildung von Faulgasen unter der Eisdecke. Gegen Laubfall sollte man im Herbst über kleinere Teiche ein Netz spannen.

Teichrandbeet: Der Staudenliebhaber wird die erhöhten Ansprüche mancher Raritäten gern in Kauf nehmen. Eine ständige Kontrolle ist erforderlich. Im ersten Jahr muß laufend gejätet werden, empfindliche Pflanzen sind vor Schnecken zu schützen, Blütentriebe sollte man vor der Samenbildung abschneiden. Wuchernde Stauden, die ihre Nachbarn bedrängen, sollten abgegrenzt oder verpflanzt werden. Im Winter ist ein Frostschutz ratsam (siehe auch Seite 61).

Teichhintergrund: Ein Hochstaudenbeet kann sich jedermann leisten – auch der »faule Genießer«. Die robusten Wildstauden wachsen bald zu einer Gemeinschaft zusammen, Pflegeeingriffe sind kaum erforderlich. In langen Trockenzeiten sollte gewässert werden. Ansonsten genügt eine Düngung mit verrottetem Rindenkompost, den man im Herbst ausbringt.

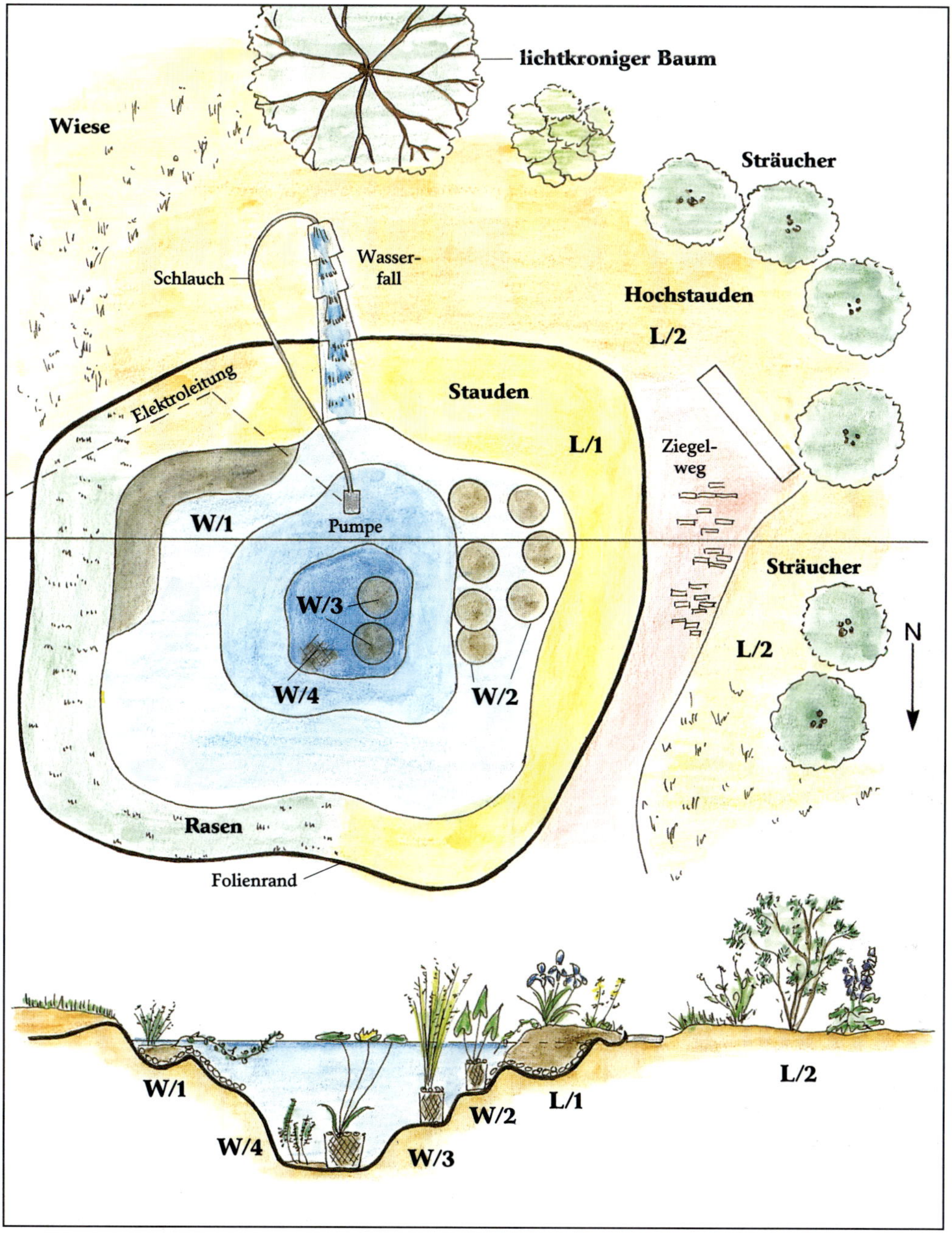

Beispiel für Anlage und Bepflanzung von Teich und Uferbereich; durch die Anordnung der Pflanzen nach Standortansprüchen und Bezug zum Teich ergeben sich folgende Pflanzengruppen: Wasserbereich: W/1 Sumpfpflanzen, W/2 Röhrichtpflanzen, W/3 Schwimmblattpflanzen, W/4 Unterwasserpflanzen; Uferbereich: L/1 Pflanzen des Teichrandes, L/2 Pflanzen des Teichhintergrundes

Die Wasserpflanzen

Wasserpflanzen am natürlichen Standort

Zu den Wasserpflanzen zählen alle im Wasser lebenden Gewächse. Je nach Wasserstand bilden einige Pflanzenarten sowohl Wasser- als auch Landformen aus. In natürlichen nährstoffreichen Gewässern unterscheidet man je nach Wassertiefe und Boden verschiedene charakteristische Pflanzengesellschaften.
Auf die landseitige Uferwiese bzw. den Erlenbruch folgt die Zone der Überwasserpflanzen (Sumpf und Röhricht). Ihr schließt sich mit zunehmender Tiefe die Zone der Schwimmblattpflanzen an, die weiter zum offenen Wasser hin übergeht in die Zone der Tauch- bzw. Unterwasserpflanzen.
Solche natürlich entstandenen Pflanzengesellschaften können durch menschliche Eingriffe, wie Wasserentnahme für die Beregnung angrenzender Felder oder Zuleitung aus Dränagerohren, stark beeinträchtigt werden.

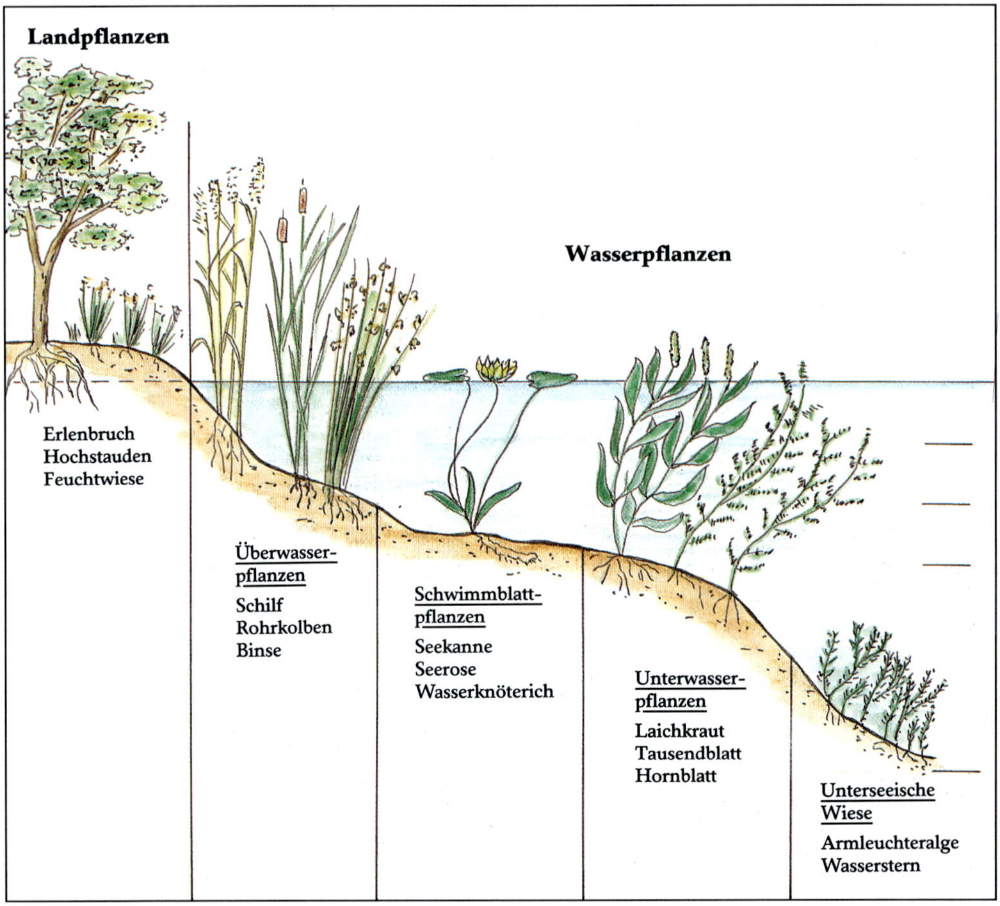

Wuchszonen und Pflanzengesellschaften an einem natürlichen nährstoffreichen Gewässer

Tiefenzonen im Gartenteich

Zunächst sollte man knapp ein Drittel des Teiches bepflanzen, möglichst in Pflanzgefäßen wie zum Beispiel Gitterkörben. Sie lassen sich so jederzeit auswechseln und verjüngen, eine rasche Versumpfung und Verlandung wird vermieden.
Die Pflanztiefen sollten den jeweiligen Standortansprüchen der Wasserpflanzen entsprechen. Danach ergibt sich ähnlich wie in der Natur auch beim Gartenteich eine Zonierung in vier Bereiche, die durch die Kürzel W/1 bis W/4 gekennzeichnet sind. Gemäß diesen vier Zonen werden nun die Wasserpflanzen in Sumpfpflanzen, Röhricht-, Schwimmblatt- und Unterwasserpflanzen unterteilt. Das Prinzip dieser Zonierung zeigen die untenstehende Abbildung sowie die Übersichtstabellen auf den nachfolgenden Seiten.
Bereits bei der Anlage des Teiches sollte versucht werden, die von der Natur vorgegebene Ordnung der Wuchszonen durch Terrassieren des Uferprofils nachzuahmen. Die Pflanzgefäße werden entsprechend den natürlichen Standortansprüchen der Pflanzen in verschiedenen Wassertiefen aufgestellt (Wassertiefe = Abstand zwischen Wasserspiegel und Wurzelansatz). Sumpf- und Röhrichtpflanzen faßt man auch unter dem Begriff »Überwasserpflanzen« zusammen, da ihre oberen Sprosse aus dem Wasser ragen.

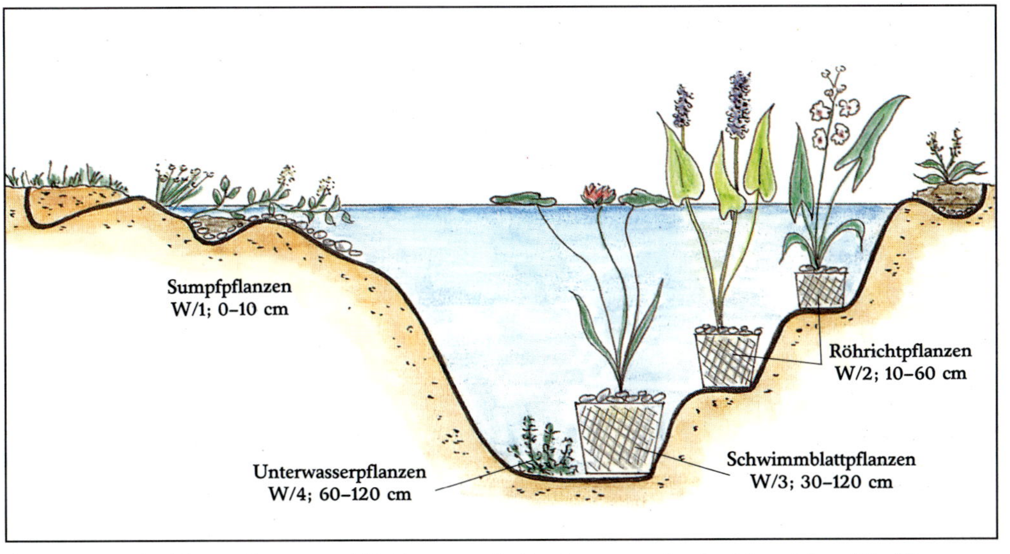

Gruppierung der Wasserpflanzen nach Tiefenzonen; die Zentimeterangaben beziehen sich auf die Wassertiefen, die von den Pflanzen jeweils verlangt bzw. vertragen werden

Wasserpflanzengruppen im Überblick

Sumpfpflanzen, Zone W/1	
Wassertiefe, Wasserstand	0–10 cm; Wurzeln und untere Sproßteile sind stets bzw. zeitweise wasserbedeckt, Blätter und Blüten ragen aus dem Wasser (Überwasserpflanzen)
Boden	Waldhumus und Hochmoortorf
pH-Wert	6–7 (schwach sauer bis neutral)
Licht	sonnig bis halbschattig
Natürliche Pflanzengesellschaft	blumenreiche Naßwiese und kalkarmes Flachmoor
Ökologischer Wert	Laichplatz für Amphibien, Nahrung für Insekten und Vögel
Ästhetischer Wert	erste Frühlingsblüher, herbstliche Fruchtstände
Pflanzung	flachwurzelnde, niedere Sumpfpflanzen und Gräser in Gruppen gleicher Art; man pflanzt sie in die wasserbedeckte Folienmulde bzw. in flache Pflanzgefäße, die Erde wird mit Kieselsteinen bedeckt
Pflanzzeit	zeitiges Frühjahr
Pflege	absterbende Blätter im Herbst entfernen
Geeignete Pflanzen*	Fieberklee, Gauklerblume, Zwergiger Igelkolben, Sumpfdotterblume, Sumpfiris, Sumpfvergißmeinnicht, Wollgras, Zungenhahnenfuß, Zwergbinse

* In den auf die Übersichten folgenden Porträts sind die Pflanzen alphabetisch nach ihren botanischen Namen geordnet. Da für ein und dieselbe Pflanze häufig mehrere deutsche Bezeichnungen existieren, erschien dies zweckmäßig, um Mißverständnisse zu vermeiden. Bei einem schnellen Auffinden von Pflanzen, von denen nur der deutsche Name bekannt ist, hilft das Register.

Die Gauklerblume fühlt sich nur dann wohl, wenn ihre Wurzeln zeitweise unter Wasser stehen

Das Sumpfvergißmeinnicht lockt mit seinen hübschen Blüten zahlreiche Insekten an

Die im Frühjahr blühende Sumpfdotterblume demonstriert überzeugend den Zierwert dieser Gruppe

Auch die reizvolle Zwergbinse gehört zu den typischen Vertretern der Sumpfwiesengesellschaft

Röhrichtpflanzen, Zone W/2	
Wassertiefe, Wasserstand	30–80 cm (in der Natur bis 2 m); Wurzeln und untere Sproßteile sind wasserbedeckt, Blätter und Blüten ragen aus dem Wasser
Boden	Lehm, Lauberde und Hochmoortorf; kein Dünger, auch kein Kompost!
pH-Wert	6,5–7,5 (schwach sauer bis schwach alkalisch)
Licht	sonnig bis halbschattig
Natürliche Pflanzengesellschaft	kalkarme Flachmoorgesellschaft, Teichröhricht
Ökologischer Wert	Laichplatz für Lurche, Aufenthalt von Insekten und Vögeln; die Pflanzen verbrauchen Nährstoffe und hemmen so den Algenwuchs
Ästhetischer Wert	einige besonders schön blühende Arten wie Schwanenblume, Hechtkraut und Pfeilkraut
Pflanzung	Nicht im Bodengrund, sondern in Körben auspflanzen, da Röhrichtgewächse wuchern. Die typischen heimischen Leitpflanzen des Röhrichts (Schilfrohr, Rohrkolben, Teichbinse und Blutweiderich) haben tiefgehende Wurzeln und können die Teichfolie durchbohren. Für den Gartenteich stehen schwachwüchsigere Arten und Sorten zur Verfügung.
Pflanzzeit	Mai bis Juni; Pflanzen im Container während der ganzen Vegetationszeit
Pflege	im Herbst abschneiden, Pflanzgefäße alle paar Jahre herausnehmen, Pflanzen teilen
Geeignete Pflanzen	Froschlöffel, Hechtkraut, Igelkolben, Pfeilkraut, Kleiner Rohrkolben, Schwanenblume, Strandbinse, Tannenwedel, Wasserschwertlilie

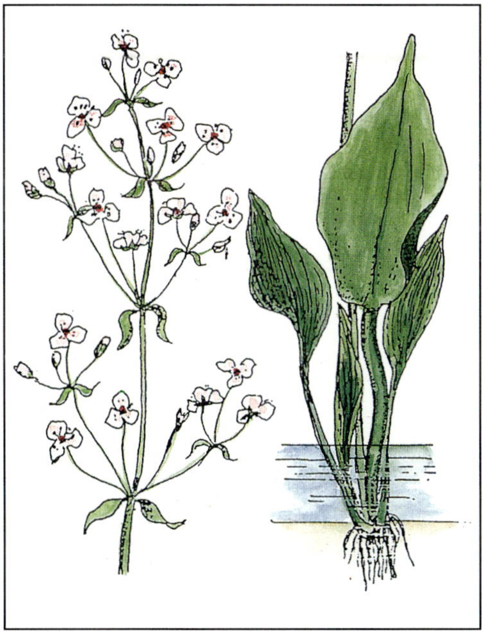

Die Blütchen des Froschlöffels werden von Bienen gern aufgesucht

In 30 – 40 cm Wassertiefe gedeiht die Strandbinse am besten

Das Pfeilkraut hat nicht nur interessant geformte Blätter, sondern auch attraktive Blüten zu bieten

Manche Röhrichtpflanzen sind am Naturstandort gefährdet, so auch die Wasserschwertlilie

Schwimmblattpflanzen, Zone W/3	
Lebensweise	Die Blätter schwimmen auf der Wasseroberfläche, der Luftaustausch erfolgt durch Spaltöffnungen auf der Blattoberseite. Die meisten Arten wurzeln im Bodenschlamm, einige schwimmen frei, die Nährstoffaufnahme erfolgt bei ihnen direkt aus dem Wasser. Die langen Blattstiele sind von luftgefüllten Interzellularräumen durchzogen, die den Teichgrund mit Sauerstoff versorgen.
Wassertiefe	variiert je nach Pflanzenart von 20–150 cm
Boden	Lehm, Sand und Hochmoortorf
pH-Wert	6,5–7,5 (schwach sauer bis schwach alkalisch)
Licht	sonnig bis halbschattig
Natürliche Pflanzengesellschaft	Laichkraut- und Seerosengesellschaften sowie freischwimmende Froschbißgesellschaften
Ökologischer Wert	Arten wie Seerosen beschatten einen Teil des Gewässers, halten es kühler und hemmen den Algenwuchs, stärker wuchernde Unterwasserpflanzen wie Laichkräuter werden unterdrückt. Lurche, Schwimmkäfer und Wasserschnecken bevorzugen das kühlere, sauerstoffreiche Wasser im Schatten von Schwimmblättern.
Ästhetischer Wert	viele attraktive Arten, besonders Seerose, Seekanne, Wassernuß, Froschbiß
Pflanzung	Erfolgt am besten in Pflanzkörben, die man später austauschen kann; direkt in nährstoffreichen Teichboden ausgepflanzte Seerosen treiben zu mastige Blätter. Den Wasserspiegel hebt man allmählich entsprechend dem Aufwuchs an.
Pflanzzeit	Mitte Mai bis Juni
Pflege	im Herbst Blätter abschneiden und herausfischen, Pflanzen alle paar Jahre umtopfen und teilen
Geeignete Pflanzen	Froschbiß, Krebsschere, Schwimmendes Laichkraut, Seekanne, Seerose, Wasserhahnenfuß, Wasserknöterich, Dreifurchige Wasserlinse, Wassernuß

Mit seinen schwimmenden Wurzeln kann der Froschbiß Nährstoffe direkt aus dem Wasser entnehmen

Den Wasserknöterich sollte man nur in Pflanzgefäßen ausbringen, da er sich wuchernd ausbreitet

Die Weiße Seerose ist nicht nur attraktiv, sie unterdrückt auch Algenwuchs und wuchernde Pflanzen

Die kalkscheue Wassernuß ist in der freien Natur fast ganz verschwunden

Unterwasserpflanzen, Zone W/4	
Lebensweise	Die Pflanzen leben ganzjährig untergetaucht und haben oft lange, flutende (im Wasser treibende) Stengel mit zarten dünnen Blättern. Bei einigen Arten ragen die Blütenstände über die Wasseroberfläche. Die Nährstoffaufnahme erfolgt durch Sprosse aus dem Wasser. Soweit Wurzeln vorhanden sind, dienen sie vorwiegend der Verankerung im Boden.
Wassertiefe	je nach Pflanzenart 60–120 cm, in der Natur bis 6 m
Boden	magerer Lehm und Torfmull
pH-Wert	6,5-7,5 (schwach sauer bis schwach alkalisch)
Licht	halbschattig bis schattig
Natürliche Pflanzengesellschaft	Laichkrautgewächse, sogenannte »unterseeische Wiesen«
Ökologischer Wert	Unterwasserpflanzen bieten zahllosen Schwimmkäfern, Wasserschnecken, Insektenlarven und Planktontierchen Lebensraum und dienen Amphibien als Laichplatz. Wintergrüne Unterwasserpflanzen ermöglichen Wassertieren das Überwintern am Teichgrund, indem sie Sauerstoff produzieren. Da sie Nährstoffe verbrauchen, verhindern sie Fäulnis und halten das Wasser sauber.
Ästhetischer Wert	gering, da kaum sichtbar
Pflanzung	Unterwasserpflanzen vermehren sich selbst durch Sproßteile, die durch Wasserbewegung abgerissen werden. Es genügen daher wenige Triebe, die man in flache Schalen pflanzt. Diese werden auf den Teichgrund gebracht und dort mit Steinen beschwert. Einige Arten vermehren sich auch durch sogenannte Winterknospen
Pflanzzeit	Frühjahr, Mai bis Juni; erst wenn das Becken mit Wasser gefüllt ist
Pflege	zu stark wuchernde Pflanzenteile (z. B. der Laichkräuter) im Spätherbst zusammen mit abgestorbenen Schwimmblättern abschneiden und herausfischen; dabei Wassertiere vorsichtig herauslesen und in den Teich zurückgeben
Geeignete Pflanzen	Armleuchteralgen, Hornblatt, Laichkrautarten, Krebsschere, Tausendblatt, Wasserfeder, Wasserhahnenfuß, Wasserpest, Wasserstern

An den Sproßknoten des Wassersterns bilden sich feine Haarwurzeln

Das Glänzende Laichkraut ist eines der Leitgewächse von Unterwasserpflanzengesellschaften

Die Krebsschere taucht nur zur Blütezeit an der Wasseroberfläche auf

Besonders ansprechend ist der Wasserhahnenfuß, der in nährstoffreichen Gewässern zu Hause ist

Sumpfpflanzen (W/1)

Caltha palustris
Sumpfdotterblume

Sie zählt zur Familie der Hahnenfußgewächse und ist in Europa, Amerika und Asien verbreitet. Die goldgelb leuchtende Sumpfpflanze eröffnet bereits mit der Schneeschmelze im März den Blütenflor. Die Verbreitung der heimischen Sumpfdotterblume erfolgt durch auf dem Wasser schwimmende Früchte, die giftig sind. Die weißblühende Form *C. palustris alba* stammt aus dem Himalaya. Als frühblühende Staude des unmittelbaren Teichrandes wird die Sumpfdotterblume gern von Fliegen, Käfern, Bienen und Hummeln besucht.

Merkmale: kurzer Wurzelstock mit weitstreichenden Faserwurzeln; glänzend grüne, herzförmige Blätter mit hohlem Stengel; Blüte mit 5 grüngelben, später dottergelben Kronblättern und zahlreichen Staubblättern; Blütezeit: Ende III–IV

Wuchs: niedrig, buschig, 20–30 cm hoch und breit

Standort: heimisch, verbreitet in Sumpfwiesen an Wasserläufen und Kleingewässern; lehmige und moorige Sumpfböden; Sonne und Halbschatten; Wassertiefe: 0–10 cm

Pflanzung: einzeln; benachbart mit Sumpfvergißmeinnicht, Rosenprimel, Sumpfdrachenwurz, Gauklerblume

Vermehrung: durch Teilung

Außerdem im Handel:

C. palustris fl. pl. praecox; goldgelbe, gefüllte Blüte, III–IV, 30 cm

C. palustris 'Multiplex'; goldgelb, V–VI, 30 cm

Caltha palustris, Sumpfdotterblume

Caltha palustris alba

Eriophorum angustifolium
Schmalblättriges Wollgras

Das über das ganze nördliche Mitteleuropa verbreitete Sauergras verlangt moorigen, sauren Boden, dauernde Feuchte und freien Stand. Es ist etwas schwierig in der Kultur. Durch die silbrigweißen Blütenschöpfe ist dieses Riedgras, das größere Bestände bildet, eine Zierde für jeden Gartenteich.

Merkmale: Wurzel als Grundachse mit kriechenden Ausläufern; linealische, spitz zulaufende, graugrüne Blätter, mit braunen Grundblättern aus dem Vorjahr; entständige, doldige

Eriophorum angustifolium, Wollgras

Juncus ensifolius, Zwergbinse

Blütenspirre mit stehenden, silbrigen Ährchen, die einen weißwolligen Schopf bilden; Blütezeit: IV–V; Ährchen während der Fruchtzeit hängend

Wuchs: dichtrasig, polsterförmige Horste bildend, 30–40 cm hoch

Standort: heimisch, geschützte Pflanze; in Flachmooren, auf Streuwiesen und auf Kleinseggenrasen; saure Böden; Sonne und Halbschatten; Wassertiefe: 0–10 cm

Pflanzung: in die Flachwassermulde am Teichrand; dort benachbart mit Sumpfdotterblume, Sumpfvergißmeinnicht, Rosenprimel und Gauklerblume

Vermehrung: durch Teilung

Außerdem im Handel:

E. latifolium (Breitblättriges Wollgras); 30–60 cm

E. vaginatum (Scheidiges Wollgras); 30–40 cm

Juncus ensifolius

Zwergbinse

Die Gattung *Juncus* gehört zur Familie der Binsengewächse. Die meisten Arten wie die Flatterbinse werden sehr hoch und bilden große Horste, deshalb eignen sie sich kaum für kleinere Gartenteiche. Unsere Zwergbinse bildet zwar auch Seitensprosse, verträgt sich jedoch gut mit benachbarten Sumpfpflanzen wie Gauklerblume und Fieberklee. Das horstbildende, reizvolle Sumpfgras wirkt am besten in größeren Gruppen.

Merkmale: tiefgehende, feine Wurzeln, wuchernd; schwertartig schmale, spitz zulaufende, graugrüne Blätter; endständige braune, kugelige Blütenknäuel; Blütezeit: VI–VII; schwarzbräunlicher Fruchtstand

Wuchs: schlank-aufrechte Horste, 20–30 cm hoch

Standort: heimisch, auf Sumpfwiesen; feuchthumose Lehmböden; Sonne und Halbschatten; Wasserstand: 0–10 cm

Pflanzung: direkt in die Erde der Flachwassermulde auspflanzen (wuchert!) oder in flachen Pflanzgefäßen in Gruppen zu 3 bis 5 Stück; zusammen mit Sumpfdotterblume, Gauklerblume, Sumpfvergißmeinnicht

Vermehrung: durch Teilung

Außerdem im Handel:

Für größere Teiche:

J. effusus (Flatterbinse); 80 cm

J. glaucus (Blaugrüne Binse); 60 cm; in der Röhrichtzone (W/2)

J. maritimus (Strandbinse); 80 cm hoch

Menyanthes trifoliata, Fieberklee

Menyanthes trifoliata
Fieberklee

Diese Sumpfpflanze zählt wie die gelbblühende Seekanne zu den wasserbewohnenden Bitterkleegewächsen und ist in Europa, Asien und Nordamerika beheimatet. Sie dient als Heilpflanze, die getrockneten Blätter werden gegen fiebrige Erkrankungen verwendet. Der Fieberklee erobert sich rasch vom Ufer aus eine größere Wasserfläche, die er im Frühjahr mit seinen eigenartigen, gefransten Blüten überzieht, an denen sich zahlreiche Insekten einfinden. Er ist für kleine und große Teiche geeignet.

Merkmale: im Schlamm kriechender Wurzelstock mit feinen Seitenwurzeln auf der Unterseite; langgestielte, dreiteilige, ovale Blätter; endständige Blütentraube mit weißrosa, am Rande gefransten Einzelblüten; Blütezeit: V–VI

Wuchs: bis 1 m lange Triebe, die vom Uferrand in den Teich wuchern

Standort: heimisch, früher verbreitet in Sümpfen und Flachmooren; Sonne und Halbschatten; Wassertiefe: 0–30 cm

Pflanzung: in flache Pflanzgefäße oder in die Folienmulde des Teichrandes, Wurzelstock waagrecht legen; benachbart mit Sumpfvergißmeinnicht, Gauklerblume, Rosenprimel und Sumpfdotterblume

Vermehrung: durch Teilung

Mimulus luteus, Gauklerblume

Eigenartig und attraktiv: Blüten des Fieberklees

Mimulus luteus
Gauklerblume

Beheimatet in Amerika, fühlt sich diese winterharte Sumpfstaude aus der Familie der Braunwurzgewächse bei uns recht wohl. Im Juni kann ihr leuchtendes Goldgelb zur beherrschenden Farbe am Teichrand werden. Die Blütezeit läßt sich verlängern, wenn man die ersten Blütenstände vor der Samenbildung ausschneidet. Die Gauklerblume ist eine attraktive, langblühende

Mimulus-Hybride

Ufer- und Sumpfpflanze und wird von Hummeln und Bienen häufig besucht.

Merkmale: flach-kriechende Faserwurzeln, wuchernd; vierkantige Stengel mit gegenständigen, eiförmig-rundlichen, gesägten Blättern; goldgelbe Lippenblüten, innen rotbraun gesprenkelt, die aus den Blattachseln wachsen; Blütezeit: VI–VIII

Wuchs: schlank-aufrecht, abhängig von Boden und Wasserstand, 20–40 cm hoch

Standort: ursprünglich aus Nord- und Mittelamerika, als Gartenflüchtling bei uns verwildert an Bächen und Teichen; Moor- und feuchthumose Lehmböden; Sonne und Halbschatten; Wassertiefe: 0–10 cm

Pflanzung: in größeren Gruppen zwischen Steinen am Teichufer; benachbart mit Sumpfdotterblume, Sumpfvergißmeinnicht, Wollgras; überwuchert rasch empfindliche Teichrandpflanzen des Feuchtbeetes (L/1) und muß deshalb gegebenenfalls begrenzt werden

Vermehrung: durch Teilung; auch über Selbstaussaat

Außerdem im Handel:

M.-Hybriden (M. x tigrinus); Blüte mit gelb-roten Flecken, VI–IX, 20 cm

Myosotis palustris, Sumpfvergißmeinnicht

Myosotis palustris

Sumpfvergißmeinnicht

Bei diesem Borretschgewächs handelt es sich um eine in Europa und Asien beheimatete, ausdauernde Sumpfpflanze, von der es zahlreiche Züchtungen gibt. Sie blüht zusammen mit der Sumpfdotterblume und sollte wie diese am Teich nicht fehlen. Sie bereichert den Gartenteich mit ihrer langen Blütezeit vom Frühjahr bis in den Herbst, während der sich Schwebfliegen, Käfer, Bienen, Schmetterlinge und andere Insekten ein Stelldichein geben.

Merkmale: flach verlaufender, kriechender Wurzelstock mit feinen Faserwurzeln; kantiger Stengel mit wechselständigen, länglichen, rauh behaarten Blättern; hellblaue Blüten in lockeren Trauben; Blütezeit: V–VIII (IX)

Wuchs: lockere niedere Polster, 20–30 cm hoch und breit

Standort: heimisch, in Sumpfwiesen, an Gräben und Teichen; feuchthumose Lehmböden und Moor; Sonne und Halbschatten; Wassertiefe: 0–10 cm

Pflanzung: in die Flachwassermulde; benachbart mit Sumpfdotterblume, Wollgras, Rosenprimel

Vermehrung: durch Teilung und Stecklinge

Außerdem im Handel:

M. palustris 'Thüringen'; dunkelblau, V–VIII, 30 cm

Ranunculus lingua
Zungenhahnenfuß

Sein Verbreitungsgebiet erstreckt sich von Europa bis Sibirien. Das hübsche Hahnenfußgewächs, das man auch zur Röhrichtzone zählen kann, tritt heute nur noch selten großflächig in Verlandungszonen auf. Als Nachbar anderer Stauden ist es ebenso ungeeignet wie als Uferpflanze für kleine Teiche. Für größere Teichanlagen hat man jedoch mit dem Zungenhahnenfuß eine geeignete, stattliche Sumpfpflanze des Uferbereiches (Flachwasserzone), die von zahlreichen Kleininsekten beflogen wird. Durch den reichlichen Nährstoffverbrauch vermindert sie außerdem den Algenwuchs.

Merkmale: langtriebiger, rundlicher Wurzelstock, der auf dem Bodengrund liegt; an Knoten bilden sich dort Quirle feiner Wurzeln; großblättrig; die Grundblätter sind rundlich, die Blätter des blaugrünen Blütenstengels zungenförmig-lanzettlich; großblumige, dottergelbe Blüten mit 2–4 cm Durchmesser; Blütezeit: VI–VIII; kugelige Fruchtstände mit sichelförmiger Spitze

Wuchs: schlank-aufrechte, 60–120 cm hohe, verzweigte, belaubte Blütentriebe mit grundständigen Laubblättern

Standort: heimische, heute gefährdete Kulturpflanze; örtlich verbreitet an Seen und Teichen sowie in Gräben; nährstoffreiche, humose Lehmböden; Sonne und Halbschatten; Wassertiefe: 10–30 cm

Pflanzung: auch in der Röhrichtzone (W/2); solitär und in Gruppen, nur in Pflanzgefäßen, da wuchernd; benachbart mit Sumpfvergißmeinnicht, Fieberklee, Seekanne, Schwanenblume und Wasserschwertlilie

Vermehrung: durch Teilung, über Ausläufer oder durch Aussaat nach der Reife

Außerdem im Handel:
R. lingua 'Grandiflora'
R. aquatilis (Wasserhahnenfuß), vgl. Unterwasserpflanzen (W/4)

Ranunculus lingua, der Zungenhahnenfuß, ist eine schmucke, ökologisch wertvolle Pflanze für größere Teiche

Alisma plantago-aquatica, Froschlöffel: hochragende Blütenrispen über eindrucksvoller Blattrosette

Röhrichtpflanzen (W/2)

Alisma plantago-aquatica
Froschlöffel

Von diesem Froschlöffelgewächs existieren etwa zehn Arten in der gemäßigten und tropischen Zone. Die Vermehrung erfolgt durch Selbstaussaat, nicht durch Ausläufer. Wer Nachwuchs will, sollte den Fruchtstand im Herbst stehen lassen. Die Röhrichtpflanze ist für größere Teiche geeignet. Sie zählt zu den gefährdeten Arten. Reicher Insektenbesuch, besonders von Bienen, trägt zu ihrem ökologischen Wert bei, die eigenartigen Blätter machen ihren speziellen Reiz aus.

Merkmale: knollig verdickt, flach verlaufende Seitenwurzeln; grundständige Rosette mit langgestielten, löffelartigen Blättern; lockere, aufragende Rispen mit kleinen, unscheinbaren, weißrosa Blüten; Blütezeit: VI–IX

Wuchs: locker-aufrecht, 30–80 cm hoch, 40 cm breit

Standort: heimisch, oft massenhaft in Sümpfen und Gräben; bildet in Trockenzeiten auch eine Landform; lehmige Böden; Sonne und Halbschatten; Wasserstand: 10–30 cm

Pflanzung: in mittelgroße Pflanzgefäße

Vermehrung: durch Aussaat oder Teilung

Außerdem im Handel:

A. lanceolatum (schmalblättrig)

A. gramineum (lanzettliche Blattform)

Butomus umbellatus

Schwanenblume, Blumenbinse

In Europa und Asien liegt die Heimat dieses Schwanenblumengewächses. Wir müssen Geduld haben, erst im zweiten Jahr kommt es zur vollen Blüte. Der anfangs kleine Wurzelstock bildet Wurzelausläufer, aus denen sich im nächsten Jahr neue Blütenpflanzen entwickeln. Man sollte deshalb gleich ein ausreichend großes Pflanzgefäß wählen. Die Blumenbinse zählt mit ihren rosa Blütendolden zu den schönsten Pflanzen des Teichröhrichts und hat zudem den Vorteil, daß sie frosthart ist. Ihr Bestand ist jedoch stark gefährdet. Sie wird von vielen Bienen, aber auch von anderen Insekten besucht.

Merkmale: kurzer, kriechender Wurzelstock, knollig verdickt mit feinen Seitenwurzeln (giftig!); die Wurzelausläufer bilden im kommenden Jahr neue Pflanzen; grundständige Rosette, unten dreikantiger Stengel, oben schwertförmig zugespitzte, ca. 1 cm breite Blätter; runder, gebogener Blütenstengel mit breiter Scheindolde, weißrötliche Blütenblätter, Staubgefäße und Fruchtknoten dunkelrot; Blütezeit: VI–VII

Wuchs: hoch aufrecht, schilfartig, 80 cm hoch; Blütenrispe 120 cm hoch, 40 cm breit

Standort: heimisch, an Uferrändern, im Bodenschlamm wurzelnd; Sonne und Halbschatten; Wasserstand: 30–50 cm

Pflanzung: in mittelgroße Pflanzkörbe (30 x 40 x 30 cm); benachbart mit Gelber Wasserschwertlilie, Pfeilkraut, Froschlöffel

Vermehrung: durch Teilung oder Aussaat

Außerdem im Handel:

B. umbellatus 'Rosenrot'

B. umbellatus 'Schneeweißchen'

Hippuris vulgaris

Tannenwedel

Diese Röhrichtpflanze aus der Familie der Tannenwedelgewächse ist weltweit vertreten. Sie kann sich rasch über große Flächen ausbreiten und ist deshalb für kleinere Teiche nicht empfehlenswert. Die eigenartige, schachtelhalmähnliche Teichuferpflanze hat ihren besonderen Reiz. Man sollte sie isoliert in Pflanzgefäße setzen, da sie stark wuchert.

Merkmale: kriechender, wuchernder Wurzelstock; schmale, linealische, dunkelgrüne, in vielgliedrigen Quirlen stehende Blätter; Blüten grün, unscheinbar, in den Blattachseln der Luftblätter; Blütezeit: VII–VIII

Wuchs: steif aufrecht stehende Sprosse über Wasser, unter Wasser herabhängende Blätter;

Butomus umbellatus, Schwanenblume

Hippuris vulgaris, Tannenwedel

Wuchshöhe: ca. 30 cm unter Wasser und 50 cm über Wasser; es gibt auch eine nur 20 cm hohe Landform

Standort: heimisch, im Uferschlamm langsam fließender und stehender Gewässer, bildet dort große Bestände; auf kalkreichem Lehm; Sonne und Halbschatten; Wasserstand: 30 cm (bis zu 2 m tief)

Pflanzung: in mittelgroße Pflanzgefäße, die man solitär stellt; Ausläufer müssen jährlich entfernt werden

Vermehrung: durch Teilung oder Stecklinge

Iris pseudacorus

Wasserschwertlilie

Das in Europa und Nordafrika beheimatete Schwertliliengewächs eignet sich für nasse bis feuchte Standorte. Die starkwüchsige Pflanze gedeiht und blüht auch außerhalb des Teiches zwischen Hochstauden recht gut, wenn ein tonig lehmiger Untergrund vorhanden ist. Die Wasserschwertlilie ist eine markante heimische Sumpf- und Uferstaude für größere Teiche und Garantin für reichen Insektenbesuch, vor allem von Bienen und Hummeln. Sie zählt zu den naturgeschützten Pflanzen.

Die in Japan sowie in Ostsibirien beheimatete *I. kaempferi* (Japanische Sumpfiris) mit ihrem prächtigen Flor ist oft etwas faul im Blühen und nicht ganz winterhart. Man sollte sie deshalb im Herbst aus dem Teich nehmen und über Winter geschützt einschlagen.

Merkmale: im Bodenschlamm kriechender, kräftiger Wurzelstock mit tiefgehenden Zugwurzeln; schwertförmige, ca. 2 cm breite, hellgrüne Blätter; Blüten mit 3 aufrechten sowie 3 hängenden, goldgelben Blütenblättern mit brauner Aderung; Blütezeit: VI–VII

Wuchs: steil aufrecht, starkwüchsig, 60–80 cm hoch, 50 cm breit

Standort: heimisch (geschützte Pflanze); an Uferrändern, auf Naßwiesen und Sumpf; nährstoffreicher, humoser Lehm, Sonne und Halbschatten; Wasserstand: 0–30 cm

Pflanzung: in ausreichend große Pflanzgefäße, nach 3 Jahren teilen und verpflanzen, solitär, also einzeln stellen; kann auch im Teichhintergrund (L/2) angesiedelt werden

Vermehrung: durch Teilung nach der Blüte oder Aussaat

Außerdem im Handel:

I. pseudacorus var. superba, tiefgelb

I. pseudacorus citrina, zitronengelb

I. kaempferi (Japanische Sumpfiris), verschiedene Blütenfarben (diese Art muß geschützt und trokken überwintert werden)

Iris pseudacorus, Wasserschwertlilie

Iris kaempferi, Japanische Sumpfiris

Juncus maritimus, Strandbinse

Scirpus lacustris, Teichsimse

Juncus maritimus
Strandbinse

Die fast überall verbreiteten, stark wuchernden Binsen- und Seggengewächse sind im allgemeinen für Gartenteiche wenig geeignet. Die nicht so ausbreitungswütige Strandbinse macht hier jedoch eine Ausnahme, ebenso wie die bei den Sumpfpflanzen (W/1) beschriebene Zwergbinse *(J. ensifolius)* und die bei größeren Gewässern einsetzbare Teichsimse *(Scirpus lacustris)*, die bis 2 m hoch wird.

Die Strandbinse mit ihren lockeren, aus dem Wasser ragenden Grashorsten kann auch an kleineren Teichen Verwendung finden, da sie nicht wuchert. Die Halme sollte man im Winter stehenlassen, sie ermöglichen dann auch bei zugefrorener Oberfläche den Luftaustausch.

Merkmale: Wurzelhorst mit tiefgehenden Haarwurzeln; runde, dünne Halme ohne Blätter; sternförmige, bräunliche Einzelblütchen an 10–15 cm langen, aufragenden Blütenständen; Blütezeit: VI–VIII

Wuchs: schlank, aufrecht, Halme 60–80 cm hoch

Standort: heimisch, im Bodenschlamm stehender Gewässer, auch im Brackwasser; auf Lehmböden; Sonne und Halbschatten; Wasserstand: 30–40 cm

Pflanzung: einzeln in ein größeres Pflanzgefäß; benachbart mit Seerosen und Krebsschere

Vermehrung: durch Teilung

Pontederia cordata
Hechtkraut

Dies ist eine unserer schönsten Wasserpflanzen; ihre Heimat liegt in Nordamerika. Das Hechtkraut gilt als nicht ganz winterhart, man muß es daher tief genug setzen. Ähnlich wie bei der Schwanenblume bilden sich mit den Jahren bewurzelte Seitentriebe. Ab Ende Juli beherrscht ein Pulk blauer Blütenkolben, der von zahlreichen Insekten besucht wird, den Teich. Meist wird das Hechtkraut in kleinen Gruppen gepflanzt, es wirkt aber auch als Solitärstaude schön.

Merkmale: kriechender, dicker Wurzelstock, an dem sich Jungpflanzen bilden; glänzend dunkelgrüne, breit herzförmige, spitz zulaufende Blätter an langen, runden Stielen; lichtblaue Blüten an ährigen Rispen, die von unten nach oben aufblühen; Blütezeit: VII–VIII

Wuchs: aufrecht; Blütenrispe 60 cm hoch, Blätter 40 cm lang; später Austrieb

Standort: beheimatet in Nordamerika, im lehmigen Bodenschlamm von Sümpfen; Sonne und Halbschatten; Wasserstand: 30–60 cm

Pontederia cordata, Hechtkraut

Pflanzung: in größere Pflanzgefäße; tief genug pflanzen (60 cm), damit eine frostfreie Überwinterung möglich wird, sonst unter einer Laubschicht an trockenem Standort einschlagen; benachbart mit Seerosen und Krebsschere
Vermehrung: durch Teilung oder Aussaat

Sagittaria sagittifolia
Pfeilkraut

S. sagittifolia ist ein in Europa und Asien beheimatetes Froschlöffelgewächs. Es gibt auch Arten, die in Amerika und in den tropischen Zonen verbreitet sind. Die Vermehrung erfolgt durch Knollen am Ende unterirdischer Ausläufer. Sie überwintern im Bodenschlamm und treiben erst im Frühsommer neue Pflanzen.
Neben Hechtkraut und Schwanenblume ist das Pfeilkraut eine der schönsten Wasserpflanzen; die Unterwasserblätter liefern Sauerstoff und reinigen das Wasser, die Blütenquirle werden von zahlreichen Insekten besucht.

Merkmale: kleine, Ausläufer bildende Wurzelknolle; pfeilförmig zugespitzte Luftblätter, die je nach Boden und Wasserstand breiter oder schmäler ausgebildet sind, in der Jugend bandförmige Unterwasserblätter; dreikantiger, bis 80 cm hoher Blütenschaft; auf dreigliedrigen Quirlen sitzen weiße Blüten mit rotem Fleck und gelben Staubbeuteln, die unteren Blüten sind weiblich; Blütezeit: VI–VII

Sagittaria sagittifolia, Pfeilkraut

Die Blattform war beim Pfeilkraut namensgebend

Wuchs: locker aufrecht, ähnelt dem Froschlöffel; 50–80 cm hoch, 30 cm breit
Standort: heimisch, im lehmigen Bodenschlamm langsam fließender Gewässer, in Seen und Teichen; Sonne und Halbschatten; Wasserstand: 20–30 cm
Pflanzung: in mittelgroße Pflanzgefäße; solitär oder benachbart mit Seerose, Seekanne und Wassernuß
Vermehrung: durch Aussaat; überwintert als walnußgroße Knolle am Ende von Ausläufern

Sparganium erectum
Ästiger Igelkolben

Bei diesem Igelkolbengewächs, verbreitet an schlammigen Ufern in der gemäßigten Klimazone, handelt es sich um einen eigenwilligen Alleingänger, der sich kaum mit Nachbarn verträgt und sich rasch weitflächig ausbreitet. Für kleinere Teichanlagen sollte man besser den Zwergigelkolben *(S. minimum)* verwenden. *S. erectum* findet man zuweilen auch unter dem Synonym *S. ramosum.* Als dekorative Wasserpflanze ist der Ästige Igelkolben für Flachufer größerer Teichanlagen gut geeignet.

Merkmale: Wurzeln mit kriechendem Wuchs, treibt Ausläufer mit neuen Pflanzen; schmallanzettliche, gekielte Blätter, unten dreikantig, spitz zulaufend; weißliche Blütchen in Kugeln an Trieben aufgereiht; die unteren sind weiblich, die oberen männlich; die reifen weiblichen Früchten erinnern an einen zusammengerollten Igel; Blütezeit: VI–IX

Wuchs: aufrecht mit Seitenästen, 50–60 cm hoch und 30 cm breit

Standort: heimisch, bildet dichte Bestände an Flachufern stehender und langsam fließender Gewässer, in Flachmooren und lehmigem Schlamm; Sonne und Halbschatten; Wasserstand: 10–30 cm (bis 80 cm tief)

Pflanzung: aufgrund der starken Ausläuferbildung nur in Pflanzgefäße; solitär und in Gruppen anpflanzen

Vermehrung: über Ausläufer oder durch Teilung

Außerdem im Handel:

S. minimum (Zwergigelkolben); 20–30 cm hoch, für kleine Teiche geeignet

Sparganium erectum, Ästiger Igelkolben

Sparganium minimum, Zwergigelkolben

Typha minima, Zwergrohrkolben

Typha angustifolia, Schmalblättriger Rohrkolben

Typha angustifolia
Schmalblättriger Rohrkolben

Die Gattung *Typha* findet sich in Europa bis Westasien und in Nordamerika. Es existieren Rohrkolbenarten verschiedener Höhe und mit unterschiedlichen Blüten- und Fruchtständen.
Der bis 2 m hohe Schmalblättrige Rohrkolben, *T. angustifolia,* eignet sich wie *T. laxmannii* für mittelgroße Teiche, *T. latifolia* nur für größere Anlagen. An kleinen Gewässern sollte nur *T. minima* mit den charakteristischen runden Kolben gepflanzt werden, die aus dem südlichen Mitteleuropa stammt.
Besonders an den Uferpartien größerer Teiche können die Rohrkolbenarten ihren besonderen Reiz entfalten.

Merkmale: horizontal im Bodenschlamm kriechende Wurzel mit schuppigen Niederblättern; schmale, nur bis 1 cm breite, hellgrüne Blätter (die Blätter von *T. latifolia* sind 2,5 cm breit); kolbenförmiger, rotbrauner Blütenstand, der weibliche Kolbenteil ist durch einen 3–5 cm langen Stengelabschnitt vom darüber stehenden, schmalen männlichen Kolbenteil getrennt; Windbestäubung; Blütezeit: VII–VIII
Wuchs: straff aufrecht, 150–200 cm hoch
Standort: heimisch, bildet in der Verlandungszone stehender Gewässer größere Bestände; tonig-lehmiger Bodenschlamm; Sonne; Wasserstand: 30–50 cm
Pflanzung: einzeln in ein großes Pflanzgefäß; nicht im Bodengrund auspflanzen, da stark wuchernd
Vermehrung: über Wurzelsprosse oder durch Teilung
Außerdem im Handel:
T. latifolia (Breitblättriger Rohrkolben); Wuchshöhe 100–250 cm, Wasserstand: 20–50 cm; für große Teiche
T. laxmannii; 100–160 cm hoch, Wasserstand: 20–50 cm; für mittelgroße Teiche
T. minima (Zwergrohrkolben); 50 cm hoch, Wasserstand: 10–30 cm; für kleine Teiche

Schwimmblattpflanzen (W/3)

Hydrocharis morsus-ranae

Froschbiß

Das Froschbißgewächs ist in kalkarmen Gewässern von Europa bis Sibirien beheimatet. Die Pflanze erwacht spät aus ihrem Winterschlaf, sie bildet Winterknospen, die erst im Mai austreiben. In Teichen ohne Bodenschlamm warten wir vergebens auf Nachwuchs, da hier die Knospen nicht überwintern können. Die zierliche, auf der Wasseroberfläche schwimmende Pflanze ist nicht nur wegen des reichen Insektenbesuchs wertvoll, sie trägt auch zur Wasserklärung bei.

Merkmale: feine, dunkle Wasserwurzeln, die dem Teichwasser Nährstoffe entnehmen, bei flachen Teichen aber auch im Bodengrund wurzeln; bogennervige, hellgrüne Schwimmblätter (Durchmesser: 5–6 cm), an ca. 10 cm langen Stielen; über der Wasseroberfläche stehende Blüten mit 3 weißen Blütenblättern, 3 Kelchblättern und gelbgrünen Staubgefäßen; die Pflanze ist zweihäusig, das heißt, weibliche und männliche Blüten stehen getrennt auf verschiedenen Exemplaren

Wuchs: flache Rosette mit Ausläufern, die sich in Verbänden fortsetzen

Standort: heimisch, in stehenden, kalkarmen Gewässern; Sonne und Halbschatten

Pflanzung: nach den Spätfrösten im Mai; Jungpflanzen einfach in den Teich werfen

Vermehrung: über Ausläufer; im Herbst bilden sich Winterknospen, die in den Bodenschlamm sinken, im Mai treiben daraus neue Pflanzen

Lemna minor

Kleine Wasserlinse

Wasserlinsen sind Kosmopoliten, jedoch bei Teichbesitzern wegen ihrer enormen Vermehrung nicht beliebt. Die oft mit anderen Wasserpflanzen eingeschleppten Wasserlinsen können lästig werden, wenn sie den ganzen Teich überziehen, was häufig sehr rasch geschieht. Lediglich die Dreifurchige Wasserlinse *(L. triscula)* läßt sich verhältnismäßig leicht im Zaum halten.

Merkmale: ein Wurzelhärchen auf der Blattunterseite; winzige Schwimmblättchen von nur 2–3 mm Durchmesser, oberseits dunkelgrün; Nährstoffaufnahme über die Blattunterseite; unscheinbare, stecknadelkopfgroße Blütenkolben, die von kleinen Insekten und Wasserschnecken bestäubt werden

Wuchs: kleine, linsenförmige Blättchen auf der Wasseroberfläche

Standort: heimisch, verbreitet in Dorfteichen, Altwässern und Fischteichen; in Mitteleuropa sind 5 Wasserlinsenarten beheimatet

Pflanzung: Für den Gartenteich eignet sich allenfalls die untergetaucht schwimmende Dreifurchige Wasserlinse, die sich, einmal eingebracht, von selbst ausbreitet; überhandnehmende Was-

Hydrocharis morsus-ranae, Froschbiß

Lemna minor, Kleine Wasserlinse

Wasserlinsen zwischen Weißen Seerosen

serlinsen bekommt man nur unter Kontrolle, indem man sie wiederholt herausfischt.

Vermehrung: durch Sprossung

Außerdem im Handel:

L. triscula (Dreifurchige Wasserlinse); lanzettliche Blätter, untergetaucht, 1 Wurzelhärchen
L. gibba (Bucklige Wasserlinse); Blätter unterseits gewölbt, 1 Wurzelhärchen
Spirodela polyrhiza (Teichlinse); flache, dunkelgrüne Blätter; Wurzelhaarbüschel
Wolffia arrhiza; 1–1,5 mm große Blätter, wurzellos

Nymphaea alba

Weiße Seerose

Seerosen sind weltweit verbreitet, unsere heimische Seerose hat ihre Heimat im nördlichen Europa. Es gibt eine Unzahl von Wildarten wie Zwergseerosen, wohlriechende und sternblütige Seerosen sowie Kreuzungen aus kalten und tropischen Gebieten. Blühwilligkeit und Winterhärte sind allerdings bei den Züchtungen nicht immer garantiert.
N. alba darf als schönste heimische Wasserpflanze stehender Gewässer gelten und ist zugleich für den naturnahen Teich sehr wertvoll: Sie beschattet einen Teil der Wasseroberfläche, verbraucht Nährstoffe und trägt damit zur Klärung des Wassers bei. Weiterhin unterdrückt sie dadurch wuchernde Unterwasserpflanzen wie Algen und bietet nicht zuletzt Gelegenheit für reichen Insektenbesuch.

Nymphaea marliacea chromatella

Merkmale: rundlich-dicker Wurzelstock mit fleischigen Seitenwurzeln im Bodenschlamm; auf der Wasseroberfläche schwimmende Blätter, oberseits ledrig-olivgrün, unterseits braunrot, rundlich, mit 20–35 cm Durchmesser; Blüte mit schalenförmigen, weißen Kronblättern, grünen Hüllblättern; Staubgefäße und Narbe sind gelb; Blütezeit: VI–VIII; die Einzelblüten halten 3 bis 7 Tage, öffnen sich während dieser Zeit um 7 Uhr und schließen sich dann um 17 Uhr wieder

Wuchs: Blattstiele wachsen mit steigendem Wasserspiegel, je nach Nährstoffgehalt bedeckt eine Pflanze 1–2 m² Wasser, im Alter ein Vielfaches dieser Fläche

Standort: heimisch; geschützte Pflanze; in Seen, Teichen und Altwässern; in lehmig-schlammigem Boden; Sonne, mittags leichter Schatten; Wassertiefe: 80–160 cm

Pflanzung: in größere Pflanzgefäße mit Henkel zum besseren Auswechseln; alle 3–4 Jahre verpflanzen; magere Lehm-Hochmoorerde, kein Dünger oder Kompost!
Wurzelschnittlinge sollte man mit Holzkohle oder übermangansaurem Kali (Kaliumpermanganat) gegen Fäulnis desinfizieren. Die Jungpflanzen werden anfänglich nur einige Zentimeter mit Wasser bedeckt, der Wasserspiegel dann langsam angehoben. Pflanzzeit: ab Mitte Mai nach den Spätfrösten

Vermehrung: über Wurzelstücke, Ausläufer oder durch Aussaat

Außerdem im Handel:
Wildpflanzen und Hybriden (Auswahl) für größere Teiche:
N. marliacea chromatella; cremegelb, 60–100 cm Wassertiefe
N.-Hybride 'Princess Elizabeth'; rosa, 30–50 cm Wassertiefe
Nuphar lutea (Gelbe Teichrose); dottergelb, 60–100 cm Wassertiefe
Für kleinere Teiche:
N. pygmaea alba; reinweiß, 5–20 cm Wassertiefe
N.-Hybride 'Madame Laydeker'; purpurrot, 20–40 cm Wassertiefe

Nuphar lutea, Gelbe Teichrose

Nymphaea alba, die Weiße Seerose, ist die wohl schönste heimische Teichpflanze

Nymphoides peltata
Seekanne

Beheimatet in Mittel- und Südeuropa, im gemäßigten Asien und in Japan, gehört die Seekanne zu den wasserbewohnenden Bitterkleegewächsen und wird auch Wasserenzian genannt. Sie ist eine Charakterpflanze der nährstoffreichen Binnengewässer. Heute findet man noch größere Bestände in Kanälen der Marschen Schleswig-Holsteins, hier oft zusammen mit der gelben Teichrose, *Nuphar lutea.*
Das gelbblühende Bitterkleegewächs gleicht einer »Mini-Seerose« und ist ein Blickfang jedes Teiches. Besucht wird sie von vielen kleinen Insekten, zudem wirkt sie wasserklärend.

Merkmale: dünne, kriechende Wurzeln, die Nährstoffe aus dem Wasser entnehmen; überwinternde Pflanzen wurzeln im Bodenschlamm des Teichgrundes; herzförmige bis kreisrunde, dunkelgrüne Blätter mit bräunlicher Unterseite, die Blattgröße ist abhängig vom Nährstoffangebot (2–10 cm Durchmesser); die goldgelben, 3 cm großen Blüten mit den gewimperten Kronblättern ragen an kurzem Stiel über die Wasseroberfläche; sie bilden sich am Ende langer Triebe; Blütezeit: VII–VIII
Wuchs: schwimmend auf der Wasseroberfläche, an langen Trieben bilden sich neue Pflanzen mit Wurzeln (Tochterpflanzen)
Standort: heimisch, in stehenden und langsam fließenden Gewässern (häufig in den Marschen der Küste); lehmig-mooriger Bodenschlamm; in Sonne und Halbschatten; Wasserstand: 30–100 cm
Pflanzung: in flache Pflanzgefäße, die man am Teichgrund verankert bzw. durch Kiesel beschwert
Vermehrung: über Ausläufer oder Samen

Polygonum amphibium
Wasserknöterich

Die Gattung *Polygonum* ist in der nördlichen gemäßigten Klimazone, in Ostindien, in Südafrika und in Mexiko verbreitet. Zu den Knöterichgewächsen zählen sowohl alpine Polsterpflanzen und hohe Solitärstauden als auch Wasserpflanzen. Als Vertreter der letzteren Gruppe wäre unser heimischer Wasserknöterich zu nennen. Die ansprechende Schwimmpflanze mit kolbenförmigen, rosa Blütenähren, die gern von Insekten besucht werden, kann man durchaus für größere Teiche empfehlen. Ihre schmalen Blätter beschatten die Wasseroberfläche nur mäßig.
Das dem Wasserknöterich ähnelnde Schwimmende Laichkraut *(Potamogeton natans)* kommt

Nymphoides peltata, Seekanne

Polygonum amphibium, Wasserknöterich

für Gartenteiche weniger in Frage, da es sehr starkwüchsig ist und sich rasch ausbreitet.

Merkmale: mit kriechendem Wurzelstock, wuchernd; langgestielte, elliptische Schwimmblätter (Wasserform), glänzend grün; dichte, walzenförmige, rosa Blütenähren über dem Wasserspiegel; Blütezeit: VI–IX. Zur Unterscheidung: Das Laichkraut blüht unscheinbar braun; Blätter lederartig, olivgrün

Wuchs: 2 verschiedene Wuchsformen: Wasserform mit flutenden Stengeln und länglichen Schwimmblättern; Landform mit aufrechten Sprossen und kurzgestielten, weichhaarigen Blättern

Potamogeton natans, Schwimmendes Laichkraut

Trapa natans, Wassernuß

Standort: heimisch, verbreitet in stehenden und langsam fließenden Gewässern, auch in Tümpeln mit wechselndem Wasserstand und im Winter trockengelegten Fischteichen; Sonne und Halbschatten; Wassertiefe: 20–80 cm

Pflanzung: nur in Pflanzgefäße, da wuchernd; zusammen mit Röhrichtpflanzen der Tiefenzone W/2

Vermehrung: durch Teilung oder Aussaat

Trapa natans

Wassernuß

Die einjährige Pflanze ist im wärmeren Mitteleuropa verbreitet. Schwierig in der Kultur und kalkarme Gewässer bevorzugend, zählt sie eher zu den Raritäten für Liebhaber interessanter Gewächse. Die eigenartig reizvolle Schwimmblattpflanze, mit ihrer roten Blattverfärbung, eignet sich für die flachere Uferzone und wirkt wasserklärend.

Merkmale: grüne, gefiederte Wurzeln an den Stengelknoten, die dem Wasser Nährstoffe entnehmen, ein dünner Wurzelstrang reicht zum Bodengrund; olivgrüne, im Herbst sich rotfärbende, rautenförmige Schwimmblätter und schmale linealische Unterwasserblätter, Stengel blasig aufgetrieben; unscheinbare, weiße Blüten in den Blattachseln; Blütezeit: VII–VIII; im Herbst Bildung von stacheligen, eßbaren Steinfrüchten

Wuchs: flach; bildet auf der Wasseroberfläche schwimmende Rosette mit untergetauchten Blättern

Standort: heimisch bzw. verwildert in kalkarmen, warmen Gewässern; früher sehr verbreitet, durch Kalkung von Teichen fast ausgerottet. Die Früchte wurden als Nahrungsmittel genutzt (Reste fand man in vorgeschichtlichen Pfahlbauten). Lehmige Böden; in Sonne und Halbschatten; Wassertiefe: Wurzeln reichen 30–50 cm tief

Pflanzung: einfach nach den Spätfrösten im Mai in den Teich werfen

Vermehrung: In warmen Gewässern sinkt die reife Wassernuß in den Bodenschlamm und treibt im Frühjahr eine neue Pflanze. Bei uns bilden sich kaum keimfähige Samen, man muß jedes Jahr neue Pflanzen kaufen.

Unterwasserpflanzen (W/4)

Callitriche palustris

Wasserstern

Die zarten Wassersterngewächse sind in den gemäßigten Zonen der Nordhalbkugel beheimatet. *C. palustris* gedeiht in nährstoffreicheren, schattigen Gewässern. Da sie nicht stark wuchert, eignet sie sich auch für kleine Teiche. Als wintergrüne, sauerstoffbildende Unterwasserpflanze hält sie das Wasser klar und ermöglicht Wassertieren das Atmen unter einer Eisdecke.

Merkmale: an den Knoten der Sprosse Bildung von feinen Haarwurzeln; lichtgrüne, zarte, linealische, gegenständige Unterwasserblätter, an den Triebenden sternförmige Blattrosetten, die auf der Wasseroberfläche schwimmen; die untersten Wasserblätter überwintern; auf einer Pflanze getrennte männliche und weibliche Blütchen, die in den Blattachseln sitzen; Blütezeit: IV–X; Fruchtreife unter Wasser

Wuchs: am Bodengrund wurzelnde, lichte Polster, die bis zur Wasseroberfläche wachsen; bis 35 cm lange Stengel

Standort: heimisch, verbreitet in langsam fließenden und stehenden Gewässern (in dem unserem Grundstück benachbarten stark beschatteten Waldtümpel gedeiht der Wasserstern zwar noch, früher fanden sich dort jedoch auch Teichmolche); Lehmböden; im Schatten und Halbschatten; Wassertiefe: 30–100 cm

Pflanzung: in flache Schalen, die gegen das Auftreiben mit Kieseln beschwert werden; bald bilden sich wie bei der Wasserpest im Schatten von Schwimmblattpflanzen dichte Rasen

Vermehrung: durch Teilung und Pflanzung mit Wurzelballen oder durch die Früchte

Ceratophyllum demersum

Hornblatt

Die Hornblattgewächse sind in nährstoffreichen Gewässern weit verbreitet. In unserem Teich wächst das Hornblatt zusammen mit dem Laichkraut unter den Blättern der Seerose. Beide verbrauchen viel Nährstoffe und halten so den Teich klar. Die anspruchslose wintergrüne Unterwasserpflanze ist zum einen aufgrund der Wasserklärung ökologisch wertvoll, zum andern bietet sie Lebensraum für zahlreiche Wassertiere und Laichplätze für Amphibien.

Merkmale: wurzellos, die Nahrungsaufnahme erfolgt über die Blätter, die unteren fadenförmigen Sproßteile sind im Boden verankert; nadelähnliche, rauhe, zerbrechliche, vielgliedrige Blattquirle, die Blattspitzen sind zweimal geteilt; unscheinbare Blütchen in den Blattachseln; die Pflanzen blühen und fruchten unter Wasser; Blütezeit: VI–IX; Blüten- und Fruchtbildung nur in sehr warmen Sommern

Callitriche palustris, Wasserstern

Ceratophyllum demersum, Hornblatt

Wuchs: bis 1 m lange, unter der Wasseroberfläche flutende Sprosse mit verdickten Triebenden (»Winterknospen«), wuchernd

Standort: heimisch, sehr verbreitet in langsam fließenden und stehenden, nährstoffreichen Gewässern; Sonne und Halbschatten; Wassertiefe: 30–50 cm

Pflanzung: im Mai einige Triebspitzen in das Wasser werfen, jedes Bruchstück bildet eine neue Pflanze; zu überwinternde Pflanze in einer flachen Pflanzschale auf den Teichboden bringen und mit Kieseln beschweren, so kann man das Hornblatt auch in kleinen Teichen verwenden; stark wuchernde Pflanzenteile im Spätherbst abschneiden und herausfischen, dabei Wassertiere wie Schnecken auslesen

Vermehrung: mit Hilfe von Sproßteilen

Außerdem im Handel:

C. submersum (Glattes Hornblatt)

Chara fragilis
Armleuchteralge

Die brüchigen Armleuchteralgen sind am Grund kalk- und nährstoffreicher Gewässer weit verbreitet. Sie werden oft mit anderen Wasserpflanzen eingeschleppt. Die zarten, wintergrünen Unterwasserpflanzen aus der Familie der Grünalgen sind ökologisch bedeutend, da sie wasserklärend wirken und im Winter Sauerstoff für Wassertiere liefern.

Chara, Armleuchteralge

Das Hornblatt bildet bis zu 1 m lange Sprosse

Merkmale: farblose Haftfasern, die sich im Bodengrund verankern; kurze, dünne Blättchen an quirlständigen Kurztrieben, meist von Kalkablagerungen überkrustet; blütenlos, im Sommer bilden sich winzige, kugelige Fortpflanzungsorgane

Wuchs: Bildung von armleuchterartig verzweigten Trieben, die sich rasch am Grund flacher Teiche ausbreiten; dies führt zu sogenannten »unterseeischen« Wiesen die von Zeit zu Zeit ausgemäht werden müssen, um eine Verlandung des Gewässers zu verhindern

Standort: heimisch, im Bodenschlamm kalk- und nährstoffreicher Seen und Teiche; Sonne und Halbschatten; Wassertiefe: 30–100 (–300) cm

Pflanzung: Sprosse ins Wasser werfen, sie sinken zu Boden und bewurzeln sich; am besten im Schatten von Schwimmblattpflanzen

Vermehrung: über Sprosse, die oft mit Wasserpflanzen eingeschleppt werden

Außerdem im Handel:

C. aspera (Rauhe Armleuchteralge)

Elodea canadensis
Wasserpest

Das Froschbißgewächs stammt aus Amerika und wurde von dort nach Europa, Indien und Australien verschleppt. Es breitete sich früher »pestartig«

besonders in Flüssen und Kanälen aus. Heute lebt es ganz zahm in unserem Teich, beschattet von den Blättern der Seerose. Im Herbst muß allerdings ein Teil herausgerissen werden, um ein zu starkes Wuchern einzudämmen. Die wintergrüne Unterwasserpflanze liefert Sauerstoff und reinigt das Wasser. Sie bietet Unterschlupf und Nahrung für Wassertiere. Geeignet ist sie nur für größere Teiche.

Merkmale: feine Haarwurzeln, die sich im Bodenschlamm verankern; längliche, schmale, spitz zulaufende, am Rand gezähnte, dunkelgrüne Blätter in dreizähligen Quirlen; nur weibliche, weiße Blüten; kommt selten zum Blühen; wenn, dann Blütezeit: V–VIII

Wuchs: starkwüchsig, bis 3 m lange Triebe am Teichboden; bildet sogenannte »unterseeische Wiesen«

Standort: Ursprung in Nordamerika, heute Kosmopolit; seit Mitte des 19. Jahrhunderts in Deutschland verbreitet am Grund kalk- und nährstoffreicher Gewässer; Lehmböden; Sonne und Halbschatten; Wassertiefe: 30–150 cm

Pflanzung: in flachen Schalen am Teichgrund aufstellen; wir haben die Wasserpest, ähnlich anderen wuchernden Unterwasserpflanzen wie Hornkraut und Laichkraut, am tiefsten Punkt des Teiches im Schatten von Schwimmpflanzen wie Seerose und Wasseraloe postiert, sie kommt so kaum zum Wuchern

Vermehrung: mit Hilfe von Bruchstücken der verzweigt wachsenden Pflanze; auch durch Wasserbewegung werden Stengelteile abgerissen, so kommt es zur Selbstvermehrung

Elodea canadensis, Wasserpest

Hottonia palustris, Wasserfeder

Hottonia palustris

Wasserfeder

Die einzige Wasserpflanze aus der Familie der Primelgewächse ist im gemäßigten Europa bis Westsibirien zu Hause. Die zartrosa Blüten wird man leider selten am Gartenteich finden, die Rarität, die auch Wasserprimel genannt wird, braucht Geduld und Pflege. Man pflanzt sie in die flache Teichzone, wo sie frei stehen will.

Merkmale: stengelartig kriechende Hauptwurzel mit feinen Seitenwurzeln; kammförmige, fiederspaltige Unterwasserblätter; fünfzählige, weißrosa Blütenblätter an langen Stengeln in Quirlen, ca. 20 cm über der Wasseroberfläche (ähnlich den Etagenprimeln des Uferbeets); Blütezeit: V–VI; Fruchtreife unter Wasser

Wuchs: am Teichboden wurzelnd, mit einer Rosette gefiederter Blätter unter Wasser

Standort: heimisch, an flachen Ufern von Seen und Teichen, Gräben; heute gefährdete Art; moorige Böden; Halbschatten; Wassertiefe: 20–60 cm

Pflanzung: in flachere Pflanzgefäße mit einem Gemisch aus Hochmoor- und Lauberde; etwas schwierig in Kultur; nur unter Wasser pflanzen, solitär, also als Einzelpflanze stellen

Vermehrung: durch Teilung oder mit Hilfe von Winterknospen

Myriophyllum verticillatum, Tausendblatt

Myriophyllum verticillatum

Quirlblättriges Tausendblatt

Das Tausendblatt zählt zu den Meerbeerengewächsen und ist in kalkarmen, jedoch nährstoffreichen Gewässern weit verbreitet. Im Gegensatz zum Hornkraut und zur Wasserpest benötigt die sommergrüne Unterwasserpflanze viel Licht. Das Tausendblatt produziert viel Sauerstoff und trägt zur Wasserklärung bei. Zudem bietet es einen Lebensraum für kleine Wassertiere. Auch das Tausendblatt bildet sogenannte »Winterknospen«, aus denen im Frühjahr neue Pflanzen entstehen.

Merkmale: keine Hauptwurzel, in den Blattachseln der Stengel befinden sich feine Nebenwurzeln, die sich im Bodengrund verankern; dunkelgrüne, kammförmig gefiederte Blättchen in fünf- bis sechszähligen Blattquirlen; unscheinbare, gelblichgrüne Blütchen in den Blattwinkeln der über den Wasserspiegel ragenden Triebe; weibliche Blüten unten, männliche Blüten oben; Blütezeit: VI–IX

Wuchs: lange Sprosse mit 5–6 dicht stehenden Quirlen, die bei niedrigem Wasserspiegel über die Oberfläche ragen

Standort: heimisch, verbreitet in stehenden oder langsam fließenden Gewässern; Moorböden; Sonne; Wassertiefe: 30–150 cm

Myriophyllum spicatum, Ähriges Tausendblatt

Pflanzung: in flache Pflanzgefäße am Teichgrund; solitär stellen, mit Kieselsteinen festdrücken; im Herbst sinken kugelige Endsprosse (Winterknospen) zum Bodengrund, die im Frühjahr neue Pflanzen bilden

Vermehrung: über Abrißlinge, auch über Stecklinge, die man in Töpfe pflanzt

Außerdem im Handel:
M. spicatum (Ähriges Tausendblatt), mit vierzähligen Blattquirlen

Potamogeton lucens

Glänzendes Laichkraut

Verbreitet sind die Laichkrautgewächse in den gemäßigten Zonen der nördlichen Halbkugel. Sie bilden eine umfangreiche Pflanzengesellschaft untergetauchter und schwimmender Wasserpflanzen, die durch ihren hohen Nährstoffentzug sehr nützlich sind und das Wasser klar halten. Der ökologische Wert der wintergrünen Unterwasserpflanze besteht aber auch darin, daß sie Nahrung, Unterschlupf und Laichplätze für zahlreiche Wassertiere bietet. *P. lucens* eignet sich für größere Teiche ab 10 m^2, doch auch hier wird im Herbst ein Abreißen bzw. Auslichten der Sprosse erforderlich.

Merkmale: im Bodenschlamm kriechender, weit verzweigter, weißer Wurzelstock; kurz gestielte, große, elliptische Unterwasserblätter (bis 20 cm lang), glänzend grün, glasig; im Herbst von einer Kalkkruste überzogen; vielblütige, grünlich-braune Blütenähre, die über die Was-

Potamogeton lucens, Glänzendes Laichkraut

seroberfläche ragt; Blütezeit: VII–VIII, danach einsamige Steinfrüchtchen

Wuchs: starkwüchsig, in nährstoffreichen Gewässern Bildung von bis 3 m langen, flutenden Stengeln mit großen Blättern

Standort: heimisch, verbreitet in stehenden und langsam fließenden Gewässern; nährstoffreiche Lehmböden; Sonne und Halbschatten; Wassertiefe: 30–200 cm

Pflanzung: in größere Pflanzgefäße, die am Teichgrund aufgestellt werden; am besten im Schatten von Schwimmblattpflanzen; im Herbst zurückschneiden und Wassertiere auslesen

Vermehrung: über abgetrennte Sproßteile, über Wurzelstücke mit Niederblättern und über Winterknospen

Außerdem im Handel:

Für große Teiche:

P. crispus (Krauses Laichkraut)

P. densus (Dichtes Laichkraut)

P. natans (Schwimmendes Laichkraut); siehe *Polygonum amphibium* (W/3)

Für kleine Teiche:

P. pusillus (Kleines Laichkraut)

Ranunculus aquatilis

Wasserhahnenfuß

Dieses weltweit verbreitete Hahnenfußgewächs ist sehr ansprechend, kann jedoch in besonnten Gewässern durch seine Wuchskraft lästig werden. Im Gartenteich hilft es mit, das Wasser gesund zu erhalten. Die schmucke, im Frühsommer

Ranunculus aquatilis, Wasserhahnenfuß

auf der Wasseroberfläche blühende Unterwasserpflanze bietet Unterschlupf und Nahrung für zahlreiche Wassertiere. Auch reicher Insektenbesuch, unter anderem von Bienen, Fliegen und Käfern zählen zu ihren Vorteilen.

Merkmale: im Teichgrund wurzelnde, hohle Stengel; fadenförmige, feinunterteilte Unterwasserblätter sowie rundlich-nierenförmige Schwimmblätter; Blüten mit 5 weißen Kronblättern und gelben Staubblättern; die verhältnismäßig großen Blüten ragen 2–3 cm über die Wasseroberfläche; Blütezeit: VII–VIII

Wuchs: vielgestaltig, reichverzweigt; bildet zweierlei Blattformen, flutend oder schwimmend

Standort: heimisch, in nährstoffreichen, langsam fließenden und stehenden Gewässern; kalkarme, lehmige Sandböden; Sonne und Halbschatten; Wassertiefe: 20–50 cm

Pflanzung: in möglichst kühles, frisches Wasser; in flache Schalen, die man am Teichgrund mit Kieseln beschwert; solitär mit genügend freier Wasserfläche

Vermehrung: durch Teilung oder Aussaat

Außerdem im Handel:

R. lingua (Großer Hahnenfuß); für den Teichrand (W/2)

R. fluitans (Flutender Hahnenfuß); nur für Fließgewässer geeignet

Stratiotes aloides

Krebsschere, Wasseraloe

Dieses Froschbißgewächs findet sich in Mitteleuropa bis hin zum Kaukasus und nach Westsibirien. Größere Bestände sieht man in kalkarmen Gewässern Norddeutschlands. Die Krebsschere ist getrenntgeschlechtlich, männliche Pflanzen überwiegen. An Ausläufern bilden sich Tochterpflanzen, die überwintern. Zum Zierwert durch die dekorative, winterharte Rosette, die nur zur Blütezeit an der Wasseroberfläche auftaucht, kommt die wasserklärende Wirkung. Auf den Blättern leben zahlreiche Wassertiere, besonders Wasserschnecken, die Blüten werden von vielen Insekten besucht. Zu enge Nachbarschaft mit anderen Pflanzen behagt der Krebsschere nicht.

Obwohl sie kurze Zeit im Jahr an der Wasseroberfläche lebt, handelt es sich bei der Krebsschere eher um eine Unterwasserpflanze als um ein Schwimmblattgewächs. Darauf deuten nicht zuletzt auch ihre botanischen Merkmale hin.

Merkmale: Büschel feiner Wasserwurzeln, die sich nach dem Absinken der Pflanze im Herbst im Bodenschlamm verankern, um zu überwintern; schwertförmige, bis 40 cm lange, ca. 3 cm breite, olivgrüne, am Rand mit derben Zähnen besetzte Einzelblätter, die eine Rosette bilden; Blüten mit 3 weißen Kronblättern und 3 grünen Kelchblättern; zweihäusig, das heißt, weibliche und männliche Blütenanlagen befinden sich getrennt auf verschiedenen Pflanzen; Blütezeit: VII–VIII

Wuchs: trichterförmige Blattrosetten, die in nährstoffreichen Gewässern bis zu 50 cm Durchmesser erreichen

Standort: heimisch, früher verbreitet, mit Bildung rasch ausgedehnter Bestände in langsam fließenden Gewässern, Teichen und Altwasserarmen; Lehmböden; Sonne und Halbschatten; Wassertiefe: wechselnd, 30–100 cm

Pflanzung: Jungpflanzen im Frühjahr rasch in den Teich tauchen; beim Kauf wassergefüllte Beutel verwenden, da die Blätter an der Luft sofort vertrocknen; benachbart mit Seerose und Strandbinse

Vermehrung: über Ausläufer (Tochterpflanzen)

Stratiotes aloides, die Krebsschere, ist eine der interessantesten Unterwasserpflanzen

Die Landpflanzen des Uferbereiches

Pflanzengemeinschaften

An jedem Tümpel und Weiher, unter dem lichten Blätterdach des Waldrandes oder der Hecke bilden sich auf kleinem Raum charakteristische Vegetationseinheiten. Wir versuchen, diese standortbedingte, natürliche Ordnung in etwa auf unseren Garten zu übertragen, sollten jedoch dabei keine Naturwildnis nachahmen. Der Gartenbesitzer muß zunächst selbst Erfahrungen sammeln und sich mit den Standortansprüchen sowie Wuchseigenschaften der einzelnen Pflanzen vertraut machen. Die Entwicklung der Blütenstauden und Gehölze verläuft nach einem arteigenen Rhythmus, ganz anders, als man sich dies zunächst vorstellt. So wird aus einem jahrelang überdüngten Parkrasen nicht über Nacht eine blumige Wiese.

Teichrandeffekt

Als Nahtstelle zwischen Land und Wasser bietet das Teichufer Lebensraum für eine besonders artenreiche Pflanzen- und Tierwelt. Wenn unter der Eisdecke des Gewässers noch Ruhe herrscht, sprossen am Rand bereits in den ersten Märztagen Frühlingspflanzen. Stauden und Zwiebelgewächse blühen und fruchten vom Vorfrühling bis in den Spätherbst, bieten zahllosen Insekten und Wassertieren Lebensraum. Gräser wirken noch im Winter durch die bereiften Halme und Fruchtstände attraktiv.

Pflanzenauswahl

Für den Teichrand eignen sich außerhalb des Wassers lebende, feuchtigkeitsliebende Landpflanzen. Eine stets bodenfeuchte Randzone mit

Die standortgerechte, artenreiche Bepflanzung ist auch im Uferbereich wichtig

Mittelhohe Blütenstauden wie die Etagenprimeln sind am Teichufer gut untergebracht

niedrigen und mittelhohen Blütenstauden, Gräsern und Zwiebelgewächsen begleitet einen Teil des Ufers. Hochstauden unter lichtem Gehölz bilden den Hintergrund.

Es eignen sich sowohl Abkömmlinge heimischer Wildpflanzen als auch Züchtungen fremdländischer Herkunft mit Wildpflanzencharakter, die sich in unserem Klima bewährt haben. So verlängern wir die Blütezeit heimischer Schlüsselblumen durch späterblühende Etagen- und Glokkenprimeln, die vom Himalaya oder aus Japan stammen, der heimische Eisenhut *(Aconitum napellus)* wird durch den spätblühenden Eisenhut *(Aconitum carmichaelii x wilsonii)* abgelöst, der in China beheimatet ist.

Dem Staudenliebhaber präsentiert der Fachhandel heute ein reiches Angebot winterharter Stauden und Gräser, die ans Wasser passen.

Pflanzenstandort

Boden, Feuchte und Licht sollten dem natürlichen Standort entsprechen. Neben Wuchs und Blühdauer ist auch der ökologische Wert als Nährpflanze für zahlreiche Insekten maßgebend. Ungeeignet sind hochgezüchtete, anspruchsvolle Prachtstauden wie Rittersporn, Phlox und die Herbstastern, sie passen besser in die Staudenrabatte oder ans Haus. Am Teich gepflanzt, würden sie bald die kleine Wasserfläche erdrücken. Verzichten sollte man auch auf stark wuchernde Pflanzen. Die erste Bepflanzung ist am besten bescheiden und beschränkt sich auf wenige, bewährte Arten. Durch Teilung, Saat und Zukauf oder Tausch mit Nachbarn läßt sich die Anlage nach und nach vergrößern. Auch die Winterhärte und der weitere Pflegeaufwand spielen eine Rolle. Ziel ist eine artenreiche, dem Standort angepaßte Pflanzengemeinschaft, die sich ohne große Eingriffe lange erhält.

Pflanzennachbarschaft

Die richtige Anordnung der Stauden und Gehölze nach Habitus und Wüchsigkeit entscheidet wesentlich den Fortbestand. Schwachwüchsige Arten dürfen nicht unmittelbar mit starkwüchsigen kombiniert werden. So überwuchert das kriechende Gedenkemein rasch die empfindlicheren Primeln. Dagegen vertrugen sich in unserem Garten Gedenkemein, Günsel und Maiblumen gut mit den wüchsigen Hochstauden, die unter Gehölzen des Teichhintergrundes aufragten. Stark wuchernde Sumpfpflanzen wie die Gauklerblume isolierte ich zusammen mit Zwergbinse, Wollgras und Sumpfdotterblume in der kiesbedeckten Flachwassermulde (W/1).

Grundsätzlich empfiehlt es sich, Pflanzen gleicher Art flächig zusammenzufassen. Schwachwüchsigere Arten lassen sich auch durch Isolierstreifen aus Blech, Ziegeln oder Folien von den starkwüchsigen Arten trennen. Empfindlichere Raritäten beläßt man zunächst in den Pflanztöpfen, bis sie sich an den neuen Standort gewöhnt haben.

Gute Nachbarn: Trollblume und Storchschnabel

Die niederen und mittelhohen Stauden und botanisch wertvollen Raritäten pflanzen wir in das bodenfeuchte Randbeet (L/1), die tiefwurzelnden Hochstauden und Gehölze – außerhalb der Teichfolie – als Teichhintergrund (L/2). Die untenstehende Abbildung zeigt, welche Pflanzengemeinschaften sich dadurch ergeben.

Teichrand (Feuchtbeet)
halbhohe und niedrige Stauden
Gräser
Zwiebel- und Knollengewächse

Teichhintergrund
Hochstauden
Gehölze
Bodendecker

Pflanzengruppen des Uferbereiches im Überblick

Pflanzen des Teichrandbeetes, Bereich L/1	
Gestaltungsprinzip	Ein schmaler, etwa 1 m breiter Uferstreifen mit niederen und mittelhohen Stauden, Gräsern und Zwiebelgewächsen kann hier auf etwa zwei Drittel der Länge den Teichrand begleiten, das restliche Drittel ist Rasen.
Boden	unkrautfreie Moor-, Laub- und Lehmerde, Bodenauftrag über der Folie etwa 30 cm
pH-Wert	5,0-7,0 (mäßig sauer bis neutral)
Bodenfeuchte	stets feucht, aber nicht staunaß; die Wasserversorgung erfolgt kapillar, das heißt durch feinste »Röhrchen« im Boden, die das Wasser aus dem Teich entnehmen und weiterleiten
Licht	halbschattig; besonders während der Mittagszeit ist Beschattung durch lichte Baumkronen günstig
Natürliche Pflanzengesellschaft	blumenreiche Feuchtwiese und Kalkflachmoor
Ökologischer Wert	Nahrung und Unterschlupf für Vögel, Lurche, Falter, Libellen, Köcherfliegen, Käfer, Spinnen
Ästhetischer Wert	Blüte und Fruchtschmuck von Stauden sowie Zwiebelgewächsen von März bis Oktober

Akelei

Kuckuckslichtnelke

Pflanzen des Teichrandbeetes, Bereich L/1	
Pflanzung	halbhohe Stauden wie Akelei, Fingerhut oder Sibirische Iris solitär, also einzeln stellen, zwischen flächig angeordneten Primeln, Schaumblüten und Knöterichpolstern
Pflanzzeit	Frühjahr; Containerpflanzen über die ganze Vegetationszeit
Pflege	das Randbeet mit seinen Raritäten bedarf ständiger Überwachung: wuchernde Stauden abgrenzen; empfindliche Stauden von Unkraut und Schädlingen wie Schnecken freihalten (mit Bier gefüllte Becher als Schneckenfallen in die Erde einsetzen); alle paar Jahre stärker wachsende Stauden teilen und verjüngen; im Spätherbst Pflanzen durch Rindenmulch und Laub gegen Auffrieren schützen und mit Fichtenreisig abdecken
Geeignete Pflanzen	**Niedrige bis mittelhohe Stauden:** Akelei, Anemone, Bachnelkenwurz, Ballonblume, Binsenlilie, Christrose, Dreimasterblume, Enzian, Fingerhut, Frauenmantel, Gelenkblume, Gemswurz, Glockenblume, Götterblume, Grasnelke, Himmelsleiter, Sibirische Iris, Jakobsleiter, Knöterich, Kuckuckslichtnelke, Pfennigkraut, Primelarten, Purpurglöckchen, Salomonssiegel, Schattensteinbrech, Schaumblüte, Scheinmohn, Niederer Storchschnabel, Trollblume, Wiesenknopf, Wiesenraute, Wolfsmilch **Niedrig wachsende Gräser:** Hainsimse, Schattensegge, Zittergras **Knollen- und Zwiebelgewächse:** siehe Seite 64

Pfennigkraut

Schattensteinbrech

Pflanzen des Teichhintergrundes, Bereich L/2	
Gestaltungsprinzip	Hier setzt man Hochstauden unter lichtem Gehölz auf der Südseite des Teiches als Abschirmung gegen die Mittagssonne, die Unterpflanzung bilden flächig bodendeckende, robuste Polsterpflanzen.
Boden	Rasenerde (humoser Lehm und Lauberde) außerhalb der Teichfolie
pH-Wert	6,5-7,5 (schwach sauer bis schwach alkalisch)
Bodenfeuchte	ständig milde Feuchte; bei lockerem kiesig-sandigem Untergrund eine etwa 20 cm starke, wasserundurchlässige Tonschicht einbringen, in Trockenzeiten zusätzlich bewässern
Licht	halbschattig bis schattig
Natürliche Pflanzengesellschaft	Mädesüß-Hochstaudenflur und Pfeifengrasstreuwiese, Gewässerränder, Auwälder und Standorte auf kalkreichen Niedermoorböden
Ökologischer Wert	Lebensraum für zahlreiche, zum Teil vom Aussterben bedrohte Pflanzen- und Tierarten wie Vögel, Falter, Lurche, Libellen, Käfer, Schmetterlinge

Felberich (Gilbweiderich)

Moschusmalve

Pflanzen des Teichhintergrundes, Bereich L/2	
Ästhetischer Wert	Blüte und Fruchtschmuck während der ganzen Vegetationszeit
Pflanzung	Hochstauden einzeln (solitär) und gruppenweise, zwischen bodendeckenden, robusten Polsterstauden und Gräsern unter lichtkronigen Gehölzen
Pflanzzeit	Frühjahr; Containerpflanzen während der ganzen Vegetationszeit
Pflege	keine laufenden Pflegemaßnahmen nötig, da sich rasch eine geschlossene Pflanzendecke bildet; alle 3 bis 4 Jahre Wurzelstöcke größerer Stauden teilen; im Herbst mit Laub und Rindenmulch abdecken, samentragende Stauden und Gräser über den Winter stehen lassen
Geeignete Pflanzen	**Hochstauden:** Baldrian, Blutweiderich, Eisenhut, Felberich, Frauenmantel, Geißbart, Gelenkblume, Hexenkraut, Himmelsleiter, Sibirische Iris, Kreuzkraut, Mädesüß, Moschusmalve, Taglilie, Waldglockenblume, Waldstorchschnabel, Wiesenraute **Polsterstauden:** Braunelle, Elfenblume, Gedenkemein, Günsel, Immergrün, Johanniskraut, Maiglöckchen, Waldmeister **Gräser:** Blaugrüne Binse, Federborstengras, Pfeifengras

Wiesenstorchschnabel

Gedenkemein

Teichrandpflanzen (L/1)

Liliales

Knollen- und Zwiebelgewächse

Viele Pflanzen aus dieser Gruppe fühlen sich auch unter kleinen Gehölzen wohl. Bereits mit der Schneeschmelze im Februar erscheinen die ersten Blüten. Blumenzwiebeln legt man gruppenweise zwischen Stauden und vor Gehölzen aus. Die Pflanztiefe richtet sich nach der Zwiebelgröße, in der Regel sind es zwischen 5 cm und 25 cm. Gegen Mäusefraß wird das Tauchen in Mennigepulver empfohlen. Es eignen sich Standorte mit locker-humoser Lauberde, stauende Nässe muß vermieden werden. Die meisten Arten sind in Europa beheimatet.

Erythronium dens-canis (Pagodenblume) ist in Europa, Nordasien und Japan verbreitet. Der Name Hundszahn bezieht sich auf die zahnartig geformte Knolle. Andere Arten dieser Gattung stammen aus Amerika.

Iris x hollandica ist eine Züchtung der Firma Tubergen (Holland). Die winterharten Hybriden werden in zahlreichen Farbtönen angeboten.

Erythronium dens-canis, Pagodenblume

Crocus chrysanthus stammt aus dem Balkan und aus Kleinasien. Er zeichnet sich durch reiche Blüte aus, der Flor leuchtet in verschiedenen gelbbronzenen Schattierungen.

Sisyrinchium angustifolium ist eine irisähnliche, blaublühende Art aus Nordamerika, die sich an sonnigen Standorten am wohlsten fühlt.

Angaben zu weiteren Knollen- und Zwiebelgewächsen für den Teichrand finden Sie in der nachfolgenden Tabelle.

Knollen- und Zwiebelgewächse

Botanischer Name	Deutscher Name	Blütenfarbe	Blütezeit	Pflanztiefe
Allium karataviense	Zierlauch	lilarosa	IV-V	10 cm
Anemone nemorosa	Buschwindröschen	weiß	III-IV	5 cm
Crocus chrysanthus	Krokus	gelb	III-IV	8 cm
Eranthis hyemalis	Winterling	gelb	III	8 cm
Erythronium dens-canis	Pagodenblume, Hundszahn	gelb	III-IV	15 cm
Fritillaria meleagris	Schachbrettblume	weiß-rot	IV-V	25 cm
Galanthus nivalis	Schneeglöckchen	weiß	III-IV	8 cm
Gladiolus palustris	Sumpfgladiole	karminrot	V	25 cm
Iris-Hollandica-Hybriden	Holländische Iris	verschiedene	V-VI	10 cm
Narcissus poeticus	Dichternarzisse	weiß	IV	15 cm
Scilla siberica	Blausternchen	blau	III-IV	8 cm
Sisyrinchium angustifolium	Binsenlilie	blau, gelb	V-VI	15 cm

Narcissus poeticus, Dichternarzisse

Fritillaria meleagris, Schachbrettblume

Alchemilla xanthochlora

Gemeiner Frauenmantel

Diese alte Heilpflanze aus der Familie der Rosengewächse ist meist noch besser bekannt unter ihrem alten botanischen Namen *A. vulgaris.* Heimisch ist sie in der nördlichen gemäßigten Zone, vorwiegend in Gebirgen. Aus der Vielzahl der Arten eignen sich einige für den Gartenteich, als Hintergrund unter Hochstauden der Großblättrige Frauenmantel, *A. mollis.* Beim Gemeinen Frauenmantel handelt es sich um einen anspruchslosen, durch sein Blattwerk zierenden, buschigen Bodendecker des Teichrandes, der mit seinen unscheinbaren Blüten zahlreiche Insekten, besonders Bienen, anlockt.

Merkmale: braunschuppiger, knolliger Wurzelstock mit Faserwurzeln; lang gestielte Blätter, deren Blattspreite fast kreisrund gebuchtet ist; Blattrand gesägt, am Blattgrund Wasserperlen; unscheinbare Blüte, anstelle von Kronblättern je 4 gelbgrüne Kelch- und Außenkelchblätter; Blütezeit: V–VI

Wuchs: starkwüchsig, gedrungen, Blattrosetten bildend, 20 cm hoch und breit

Standort: heimisch, Feuchtwiesen und lichte Wälder; frische, feuchthumose, nährstoffreiche Böden; Halbschatten

Iris-Hollandica-Hybride, Holländische Iris

Alchemilla xanthochlora, Gemeiner Frauenmantel

Pflanzung: auch im Teichhintergrund (L/2); einzeln oder in Gruppen; benachbart mit Irisarten, Dreimasterblume, Storchschnabel, Fingerhut, Trollblume, Gelenkblume und Zwiebelblumen wie Zierlauch
Vermehrung: durch Teilung oder Aussaat
Außerdem im Handel:
A. mollis; blaugrüne Blätter, 30 cm
A. alpina; zierlich, 10 cm

Anemone hupehensis var. japonica
Japanische Herbstanemone

Beheimatet in Japan und China, zählt sie zur artenreichen Gattung *Anemone* aus der großen Familie der Hahnenfußgewächse. Ihre zahlreichen Kulturformen eignen sich vorwiegend für feuchte, halbschattige Plätze. Unter ihnen finden wir Frühjahrsblüher wie das Buschwindröschen und die als Unterwuchs in lichten Laubwäldern vorkommende Apenninanemone. Auch die mittlerweile unter dem Gattungsnamen *Pulsatilla* geführten Pflanzen wie die Alpenanemone und die Küchenschelle seien in diesem Zusammenhang erwähnt, weiterhin das Leberblümchen, das früher *A. hepatica* hieß und heute als *Hepatica* eine eigenständige Gattung bildet. Trotz ihrer botanischen Umbenennung sind sie ähnlich reizvoll und ebenso geeignet für die Teichrandbepflanzung wie die hier genannten Anemonen.
Herbstblüher wie die Japanischen Anemonen benötigen einen Winterschutz. Sie sind wie die zahlreichen Hybridformen aparte, mittelhohe Stauden, die noch im Herbst von vielen Insekten besucht werden.

Merkmale: flacher Wurzelstock; tiefgelappte, weißhaarige Blätter; weißrosa bis purpurne Schalenblüte; Blütezeit: IX–X
Wuchs: locker aufrecht, 30–80 cm
Standort: heimisch in Japan und China, in lichten Wäldern; feuchthumose Lehm- und Sandböden; Halbschatten
Pflanzung: einzeln oder in Gruppen am Teichrand und unter lichtem Gehölz; benachbart mit Primeln, Schaumblüte, Schattensteinbrech, Waldsteinie und Hainsimse; ein Winterschutz durch Laub- und Nadelstreudecke ist nötig
Vermehrung: durch Teilung oder Aussaat
Außerdem im Handel:
A.-Japonica-Hybride 'Königin Charlotte'; gefüllte, lilarosa Blüte, 80 cm
A. hupehensis; rosarot, 50–100 cm
Heimische Frühjahrsblüher:
A. nemorosa (Buschwindröschen); weiß, 10 cm
A. ranunculoides; goldgelb, 10 cm
Hepatica nobilis (= *A. hepatica;* Leberblümchen); blau, 10 cm

Anemone hupehensis var. japonica, Herbstanemone

Hepatica nobilis, Leberblümchen

Aquilegia caerulea
Akelei

Die Akeleiarten sind über die ganze nördliche gemäßigte Zone verbreitet und zählen wie die Anemonen zu den Hahnenfußgewächsen. Da Blätter, Blüten und Samen Blausäure enthalten, werden die Pflanzen in der freien Landschaft nicht vom Vieh gefressen. Die Akelei ist eine anspruchslose, zierliche Halbschattenstaude, von der zahlreiche Hybriden mit bunten Farben existieren. Die Blüten locken viele Insekten an.

Aquilegia caerulea, gelbblühende Gartenform

Merkmale: feinfasrige, tiefreichende Wurzel; rundliche, dreizählig gekerbte, langgestielte Blätter; endständige blaue, glockige Blüte mit langem, geradem Sporn; zahlreiche bunte Gartenformen; Blütezeit: VI–VII
Wuchs: locker, aufrecht, 60–70 cm hoch
Standort: beheimatet in Amerika, in lichten Wäldern, feuchthumose Sand- und Lehmböden; Halbschatten
Pflanzung: auch im Teichhintergrund (L/2); solitär zwischen niedrigen Stauden und Gräsern, wie Schattensteinbrech, Schaumblüte, Frühlingsanemonen und Primeln, benachbart mit Fingerhut und Glockenblume
Vermehrung: durch Aussaat oder Teilung
Außerdem im Handel:
Nordamerikanische Arten (mit geradem Sporn):
A. caerulea 'Biedermeier'; verschiedene Blütenfarben, 35 cm
A. caerulea 'Himmelblau'; blau, 60 cm
A. caerulea 'Koralle'; rosa, 70 cm
A. chrysantha; goldgelb, 80 cm
Heimische Arten (mit gekrümmtem Sporn):
A. alpina; blau, 40 cm
A. vulgaris; bunt, Kulturformen teilweise mit zweifarbigen Blüten, 80 cm

Briza media, Zittergras

Briza media
Zittergras

Bei diesem in Europa heimischen Süßgras handelt es sich um ein anspruchsloses Wiesengras mit lockerem Wuchs, das sich in kleinen Gruppen, sogenannten Tuffs, gepflanzt für das Feuchtbeet und trockenere Uferstellen eignet.

Merkmale: flach verlaufende Wurzeln, die kurze Ausläufer bilden; schmale, bläulichgrüne Blätter; kleine Rispe mit rundlich-herzförmigen, nickenden grünweiß-violetten Ährchen; Blütezeit: V–VII
Wuchs: niedrig, bodendeckend, mit den zitternden Blüten- und Fruchtständen, 20–30 cm hoch
Standort: heimisch, auf Wiesen und an Waldrändern; lehmig-anmoorige Böden; Sonne und Halbschatten
Pflanzung: flächig am Teichrand, zwischen Uferstauden und Kleingehölzen; benachbart mit Dreimasterblume, Fingerhut, Akelei und Glockenblume
Vermehrung: durch Teilung, Abtrennen der Ausläufer oder Aussaat

Campanula persicifolia, Glockenblume

Dodecatheon meadia, Götterblume

Campanula persicifolia

Pfirsichblättrige Glockenblume

Die Glockenblumengewächse sind in ganz Europa verbreitet; sie umfassen allein 300 Wildarten, von der kleinen Zwergstaude der Bergmatten bis zur hohen Waldstaude der Flußauen. Die schmalwüchsige Pfirsichblättrige Glockenblume hat sich im Feuchtbeet am Teich zwischen Primeln und niederen Stauden über Jahre bewährt. Sie ist eine der schönsten, großblumigen Wildstauden für Teichufer und Gehölzränder und wird von Bienen, Hummeln und anderen Insekten beflogen.

Merkmale: kurzgliedriger Wurzelstock mit Faserwurzeln, nicht wuchernd; schmallanzettliche, hellgrüne Blätter; große, fünfzipfelige, lichtblaue Blütenglocken; auch als weißblühende Form erhältlich; Blütezeit: VII–VIII

Wuchs: schlank-aufrecht, 70–100 cm

Standort: heimisch, in lichten Wäldern, in Talauen, im Berg- und Hügelland; lehmig-humose, mäßig feuchte Böden; Sonne und Halbschatten

Pflanzung: solitär und in Gruppen; benachbart mit Primeln, Trollblume, Schaumblüte und Hainsimse

Vermehrung: durch Teilung

Außerdem im Handel:

C. persicifolia 'Caerulea'; blau, 80 cm

C. persicifolia 'Grandiflora alba'; weiß, 80 cm

Dodecatheon meadia

Götterblume

Die zu den Primelgewächsen zählende Kleinstaude hat ihr Hauptverbreitungsgebiet in Nordamerika. Sie ist eine hübsche, ausdauernde, winterharte Pflanze, die ähnlich wie die Pagodenblume bald nach der Blüte die oberirdischen Teile einzieht, weshalb man dann den Standort markieren sollte. Ein Verlust wäre schade, denn es handelt sich um eine Rarität, deren Blütenstände denen des Alpenveilchens ähneln.

Merkmale: feine Faserwurzeln; fleischige, länglich-ovale Blätter; Blütenstände mit nickenden Blumenkronen, lilarosa mit gelben Staubfäden; Blütezeit: V–VI

Wuchs: stärkerwüchsige Art mit aufragenden Blütenständen, 50 cm hoch

Standort: beheimatet in Pennsylvania, auf feuchten, humosen Wiesen und in lichten Wäldern; mit Laubhumus vermischte, lockere Lehmböden; Halbschatten und Sonne

Pflanzung: unter Gehölzen und solitär am Teichrand, zusammen mit nicht wuchernden Kleinstauden wie Primeln, Pagodenblume, Grasnelke und Zwiebelgewächsen

Vermehrung: durch Teilung oder über Wurzelstecklinge, Wildarten durch Aussaat

Außerdem im Handel:

D.-Hybriden

D. integrifolium; karminrot, V–VI, 20 cm

Doronicum orientale, Gemswurz

Doronicum orientale
Gemswurz

Es existieren etwa 20 Arten dieses Korbblütlers, die in Europa und im gemäßigt temperierten Asien beheimatet sind. Die Kaukasus-Gemswurz (*D. orientale*, früher *D. caucasicum*) ist eine niedrig bleibende Art, die sich für den Teichrand eignet. Die frühblühende Ufer- und Waldrandstaude wird gern von Insekten besucht.

Merkmale: kriechender Wurzelstock; herzförmige, hellgrün gestielte Blätter; goldgelbe, margeritenähnliche Körbchenblüten; Blütezeit: Ende IV–V

Wuchs: buschig-aufrecht, 30 cm hoch

Standort: beheimatet in Kleinasien und im Kaukasus, auf Feuchtwiesen und an Gewässerrändern; feuchthumose Lehmböden; Sonne und Halbschatten

Pflanzung: einzeln und gruppenweise, zusammen mit Primeln, Schaumblüte, Lungenkraut, Iris, Narzissen

Vermehrung: durch Teilung nach der Blüte oder Aussaat

Außerdem im Handel:
D. plantagineum 'Excelsum'; goldgelb, V–VI, 80 cm

Epimedium pinnatum, Elfenblume

Epimedium pinnatum
Elfenblume

Die Gattung *Epimedium* ist mit etwa elf Arten in Europa, in den gemäßigten Zonen Asiens und in Nordafrika verbreitet. Es handelt sich um dankbare, niedrige Halbschattenstauden für größere Flächen und Einfassungen. Elfenblumen sind nicht so zart wie sie aussehen, ihre Wurzeln können schwächere Nachbarn verdrängen; wir pflanzen sie deshalb zu den Hochstauden. Die robuste Pflanze mit den zierlichen Blüten kann man gut zwischen Hochstauden verwildern lassen. Zahlreiche Kleininsekten freuen sich über ihre Gegenwart.

Merkmale: mit kriechendem Wurzelstock, wuchernd; dreiteilige Blätter mit herzförmigen Einzelblättern, im Austrieb lichtgrün, im Spätsommer bronzefarben, langgestielt; Blüten mit 4 bis 6 hellgelben, außen rotbraunen Hochblättern und gelbem Sporn; Blütezeit: IV–V

Wuchs: zarte Blütenrispen über wintergrünen Blättern, 20–30 cm hoch und breit

Standort: beheimatet im Kaukasus, in lichten Wäldern; feuchthumose Lehmböden; Halbschatten und Schatten

Pflanzung: einzeln und flächig; benachbart mit Trollblume, Sibirischer Iris und Fingerhut; Wurzeln durch Folienstreifen oder Ziegel gegen schwachwüchsige Stauden abgrenzen; auch im Bereich L/2, in den Teichhintergrund unter

Gehölze oder zwischen Eisenhut, Blutweiderich und Mädesüß; der Pflegeaufwand ist sehr gering

Vermehrung: durch Teilung, über Wurzelstecklinge oder Samen

Außerdem im Handel:

E. pinnatum 'Elegans'; gelb, IV–V, 30 cm
E. alpinum; rot, IV–V, 30 cm
E. x versicolor; gelb, IV–V, 30 cm

Euphorbia polychroma
Goldwolfsmilch

Die Familie der Wolfsmilchgewächse umfaßt etwa 600 Wildarten, die vor allem in Europa verbreitet sind. Nur wenige passen in den Garten. Dazu gehört die Goldwolfsmilch, die sich für sonnigere Lagen eignet. Sie ist eine reich und lang blühende, mittelhohe Uferstaude und zudem eine Bienenfutterpflanze, die auch von anderen Insekten besucht wird.
E. griffithii, die Himalayawolfsmilch, ist eine bizarre Schönheit mit orangefarbenen Hochblättern um die Blütchen; sie hat bei uns seit Jahren denselben Standort über dem Teich. Für große Teichanlagen kommt *E. palustris,* die Sumpfwolfsmilch, in Frage.

Merkmale: feine, tiefgehende Wurzel; längliche, dunkelgrün behaarte Stengel, die wie bei allen Wolfsmilchgewächsen Milchsaft führen; Blüten in Dolden, mit leuchtend goldgelben Hochblättern; die eigentlichen Blüten sind klein und unansehnlich gelbgrün; Blütezeit: IV–V

Wuchs: breitbuschig, 30–40 cm hoch

Standort: heimisch in Europa, an feuchten Schotterhängen; frische Lehmböden; Sonne und Halbschatten

Pflanzung: einzeln am Teichrand und am Wasserfall; benachbart mit Primeln, Akelei, Herbstanemone, Frauenmantel, Trollblume; geringer Pflegeaufwand

Vermehrung: durch Teilung oder Aussaat

Außerdem im Handel:

E. griffithii (Himalayawolfsmilch); orangerot, V–VIII, 40–70 cm
E. palustris (Sumpfwolfsmilch); grüngelb, V–VI, 80 cm

Gentiana sino-ornata
Chinesischer Enzian

Die Heimat dieser Enzianart liegt in Tibet. Es gibt über 300 niedrig wachsende bis halbhohe Arten, die über die ganze Erde verbreitet sind. Nur wenige halten sich länger in Kultur. Unsere heimischen Arten stehen unter Naturschutz. Der Chinesische Enzian ist eine wüchsigere, vom

Euphorbia polychroma, Goldwolfsmilch

Gentiana sino-ornata, Chinesischer Enzian

Sommer bis in den Spätherbst blühende Gartenform und gilt als empfindliche Liebhaberpflanze.

Merkmale: feine Haarwurzeln; dunkelgrüne, grasartige Blätter; kurzgestielte große, azurblaue Glockenblüte mit 5 spitz zulaufenden Kelchblättern; Blütezeit: VIII–X

Wuchs: starkwüchsig, kurztriebig, 10 cm hoch

Standort: beheimatet in China, auf Feuchtwiesen und an Uferrändern; feuchthumose, moorige Böden; Halbschatten

Pflanzung: zweckmäßigerweise im Pflanzgefäß belassen, später auspflanzen; flächig zwischen Primeln, Götterblume, Pagodenblume und Münzkraut

Vermehrung: durch Teilung, auch durch Aussaat im Herbst (Frostkeimer: die Samen müssen einige Zeit Minusgraden ausgesetzt sein)

Außerdem im Handel:

G. sino-ornata Macaulei 'Kingfisher'; dunkelblau, IX–XI, 20 cm

Heimische Arten:

G. acaulis; blau, V–VI, 10 cm

G. asclepiadea; blau, VII–IX, 60 cm

Geum rivale
Bachnelkenwurz

Diese robuste Staude ist in der nördlichen gemäßigten Klimazone beheimatet und zählt zur Familie der Rosengewächse. Man plaziert sie am Rande der Hochstauden. Dort erfreut sich die anspruchslose, ausdauernde Uferstaude eines reichen Besuches von Bienen, Hummeln, Schwebfliegen und anderen Insekten. Für den Teichrand eignen sich die orange bis goldgelb blühenden Kulturformen aus Kleinasien und dem Balkan wie *G. coccineum.*

Merkmale: tiefgehender Wurzelstock mit abgestorbener Basis älterer Blätter; unterbrochen gefiederte, langgestielte Blattrosetten; nickende, blaßgelbe Blütenkronen mit braunroten Kelchblättern; Blütezeit: V–VI

Wuchs: lockere Blattrosette mit steifen Blütenstengeln, 20–30 cm hoch

Standort: heimisch, in Feuchtwiesen und an Gewässerrändern, zusammen mit Sumpfdotterblume und Wiesenschaumkraut; frische, feuchthumose Lehm- und Moorböden; Sonne und Halbschatten

Pflanzung: auch im Teichhintergrund (L/2); einzeln sowie in Gruppen; benachbart mit Sibirischer Iris, Pfirsichblättriger Glockenblume, Trollblume und Herbstanemone

Vermehrung: durch Teilung oder Aussaat

Außerdem im Handel:

G. rivale 'Leonards Var.'; kupferrosa, V–VI, 30 cm

G. coccineum 'Borisii'; leuchtend mennigrot, VI–VIII, 30–50 cm

Geum rivale, Bachnelkenwurz

Geum coccineum 'Borisii'

Heuchera sanguinea
Purpurglöckchen

Das Purpurglöckchen ist ein aus Amerika stammendes Steinbrechgewächs, das als zierlicher Sommerblüher und Bienenweide jeden Gartenteich bereichert. Zur Gattung *Heuchera* gehören außerdem zahlreiche Gartenhybriden, die sich für den sonnigeren Teil des Teichrandes eignen.

Merkmale: knollige Wurzel mit Faserwurzeln; langgestielte rundlich-herzförmige, weiß marmorierte, wintergrüne Blätter; Blütenrispen mit rosaroten Glöckchen; Blütezeit: VII–VIII
Wuchs: feinglockige Blütenrispen über dichter Blattrosette, ähnelt der Schaumblüte *(Tiarella cordifolia);* 10–40 cm hoch
Pflanzung: einzeln und in Gruppen; benachbart mit Primeln, Schattensteinbrech, Schaumblüte und Hainsimse, unter lichten Laubgehölzen; frostempfindlich, muß im Winter Bodenschutz erhalten
Vermehrung: durch Teilung im Frühjahr oder Aussaat
Außerdem im Handel:
Zahlreiche rosa bis rot blühende Gartenzüchtungen:
H. sanguinea 'Splendens'; rosarot, VII–VIII, 10–40 cm
H.-Hybride 'Feuerregen'; rot, VI–VIII, 10–40 cm
H.-Hybride 'Gracillima'; rosa, VI–VIII, 10–50 cm

Heuchera sanguinea, Purpurglöckchen

Heuchera-Hybride 'Feuerregen'

Iris sibirica
Sibirische Iris

Diese Art aus der umfangreichen Gattung *Iris*, die zur großen Familie der Schwertliliengewächse gehört, ist in Mitteleuropa bis Sibirien zu Hause. Die schlankwüchsige, mit Nachbarstauden gut verträgliche, herrlich blau blühende Wildstaude, sollte im Feuchtbeet des Uferrandes nicht fehlen. Da sie im Gegensatz zur gelben Sumpfiris *(I. pseudacorus)* nicht wuchert, ist sie auch für kleinere Teiche geeignet. Die Pflanze, die unter Natur-

Iris sibirica, Sibirische Iris

schutz steht, lockt zahlreiche Insekten an und dient als »Jagdsitz« für Libellen, unter anderem für die Plattbauchlibelle.

Merkmale: kurzer Wurzelstock mit tiefgehenden Wurzeln; schmale, linealische bis schwertförmige, ca. 0,5 cm breite, blaugrüne Blätter; Blüten mit 3 aufrechten, dunkelblauvioletten Perigonblättern innen und steil herabhängenden Perigonblättern mit braunroter Äderung außen (von Perigon spricht man, wenn Kelch- und Kronblätter dieselbe Form und Farbe haben); Blütezeit: V–VI

Wuchs: schlanke, aufrechte Horste schmaler Blätter und Blüten, 40–70 cm hoch

Standort: heimisch, in Flußtälern und auf Feuchtwiesen; frische, feuchtlehmige bis anmoorige Böden; Sonne

Pflanzung: bei einem Wasserstand von 0–10 cm, etwas trockener als die gelbe Sumpfiris *(I. pseudacorus);* benachbart mit Schaumblüte, Frauenmantel, Knöterich;
auch als Teichhintergrund (L/2) auf feuchthumosen Böden und an sonnigem Standort, benachbart mit Mädesüß, Storchschnabel; in Trockenzeiten muß hier bewässert werden

Vermehrung: durch Teilung oder Aussaat

Außerdem im Handel:

I. sibirica 'Blue Cape'; dunkelblau, V–VI, 90 cm
I. pseudacorus (Sumpfschwertlilie); siehe unter W/2, Röhrichtpflanzen
I. kaempferi (Japanische Iris); verschiedenfarbig, VII–VIII, 80 cm
I. reticulata (Zwergiris); blauviolett, III, 10–20 cm

Apartes Blauviolett: Blüten von Iris sibirica

Luzula sylvatica

Waldhainsimse, Waldmarbel

Dieses flachwüchsige Waldgras gedeiht im Schatten von Stauden und Gehölzen am Teichrand, ohne seine Nachbarn zu verdrängen. Man kann es deshalb gut für eine flächige Pflanzung zwischen Blütenstauden verwenden. Mit dem hübschen Binsengewächs, das in Europa und Kleinasien heimisch ist, lassen sich auch Schattenpartien zieren. An genügend beschatteten Standorten bleibt die Waldmarbel im Winter grün.

Merkmale: feinwurzelig, kurze Sprosse; breitlinealische, glänzendwintergrüne, weißbewimperte Blätter; braune, unregelmäßig verteilte Blütenbüschel (»Spirre«); der Pollen wird durch den Wind übertragen; Blütezeit: VI–VII

Wuchs: flach-bodendeckend, 10 cm hoch, Blütenrispe bis 40 cm hoch

Standort: heimisch, lichte Laub- und Nadelwälder; feuchte, leicht saure Lehmböden; Halbschatten und Schatten

Pflanzung: einzeln und in größeren Horsten zwischen Primeln, Ballonblume, Christrose, Schattensteinbrech, Waldmeister; auch unter Gehölzen im Teichhintergrund

Vermehrung: durch Teilung oder Aussaat; Selbstvermehrung über Ausläufer

Außerdem im Handel:

L. sylvatica 'Tauernpaß'; hellgrün

Luzula sylvatica, Waldhainsimse

Lychnis flos-cuculi
Kuckuckslichtnelke

Das über Europa bis Sibirien verbreitete Nelkengewächs wartet mit einem Strauß von zartrosa Blüten über dem Wasser auf; eingestreut zwischen mittelhohen und niederen Uferstauden wirkt sie besonders reizvoll. Sie samt sich selbst aus, verdrängt aber keine Nachbarn. Die zierliche Wiesenblume wird von Bienen, Schmetterlingen und Käfern beflogen.

Merkmale: tiefgehende Hauptwurzel, aus der sich Seitensprosse bilden; schmal-lanzettliche, spitz zulaufende Blätter, die kreuzweise gegenständig angeordnet sind; 5 rosaviolette, geschlitzte Blütenblätter, glockiger, rotbrauner, fünfzähniger Kelch; Blütezeit: V–VI
Wuchs: locker aufrecht, 30–60 cm hoch
Standort: typischer Vertreter heimischer Feuchtwiesen; feuchthumose Lehmböden; Sonne und Halbschatten
Pflanzung: auch im Teichhintergrund (L/2); locker aussäen zwischen Frauenmantel, Primelarten, Dreimasterblume, Schaumblüte, Lungenkraut und Hainsimse
Vermehrung: durch Aussaat oder Ausläufer
Außerdem im Handel:
L. flos-jovis (Jupiterlichtnelke); violett, V–VII, 30 cm
Silene dioica (früher: *Melandrium rubrum;* Rote Lichtnelke); hellpurpurrot, IV–VIII, bis 100 cm; lockerer Busch, nur für große Teichanlagen geeignet (L/2)

Lychnis flos-cuculi, Kuckuckslichtnelke

Lysimachia nummularia
Pfennigkraut

Das in Europa bis zum Kaukasus beheimatete Primelgewächs breitet sich in halbschattigen, feuchten Ufern rasch aus, bringt dabei aber auch schwachwüchsigere Kleinstauden nicht in Bedrängnis. Der hübsche, langblühende, niedrige Bodendecker für Teichränder dient auch als Bienenweide und eignet sich sehr gut als Unterpflanzung von höherwachsenden Stauden.

Lysimachia nummularia, Pfennigkraut

Merkmale: ausläuferartige Stengel mit feinen Wurzeln in den Blattachseln; runde, kurzgestielte Blätter; pfenniggroße, goldgelbe Blüten; Blütezeit: V–VI
Wuchs: kriechend, 5–10 cm hoch
Standort: heimisch, an Graben- und Teichrändern und Feuchtwiesen; feuchte, lehmig-sandige Böden; Sonne und Halbschatten bis Schatten
Pflanzung: auch im Sumpfbereich (W/1), Wasserstand: 0–10 cm; flächig zwischen höheren Stauden wie Primeln, Fingerhut, Knöterich, Dreimasterblume, Sumpfvergißmeinnicht
Vermehrung: durch Teilung oder über bewurzelte Stengelabschnitte
Außerdem im Handel:
L. vulgaris, siehe unter L/2, Teichhintergrundpflanzen

Polygonum affine, Knöterich

Platycodon grandiflorus, Ballonblume

Platycodon grandiflorus
Ballonblume

Sie zählt zu den Glockenblumengewächsen und stammt aus Ostasien. Die seltene Schönheit hat bei uns seit Jahren ihren festen Platz am Teichrand. Zahlreiche Insekten besuchen die große, ballonartige Glockenblüte, die sich zu einer Schalenblüte entfaltet.

Merkmale: rübenartige, fleischige Hauptwurzel; gegenständige, blaugrüne Blätter; blaue Blüten, als Knospe ballonartig geschlossen, sich sternförmig öffnend; Blütezeit VII–VIII

Wuchs: mittelhohe, buschige Staude, 30 cm hoch und breit

Standort: beheimatet in Ostasien; frische, feuchthumose Lehmböden; Sonne und Halbschatten

Pflanzung: solitär und in Gruppen am Teichrand; zwischen niedrigen Stauden wie Primeln, Steinbrech, Münzkraut, Grasnelke, Nelkenwurz

Vermehrung: nur über Samen, Teilung nicht möglich

Außerdem im Handel:

P. grandiflorus 'Perlmutterschale'; rosa, VII–VIII, 60 cm

P. grandiflorus 'Album'; weiß, VII-VIII, 30 cm

P. grandiflorus 'Mariesii'; blau, VII–VIII, 30 cm

Polygonum affine
Knöterich

Das anspruchslose Knöterichgewächs stammt aus dem Himalaya. Es breitet sich rasch unter Gehölzen und Hochstauden aus und ziert den Teichrand über die ganze Vegetationszeit durch seine rosaroten Blütenähren und rotbronzenen Fruchtstände. Als wüchsiger, anspruchsloser Bodendekker kann er an jedem Gartenteich Verwendung finden. Zur Blütezeit wird er von zahlreichen Bienen, Fliegen und Schmetterlingen besucht.

Merkmale: flache, ausläufertreibende Wurzel; lanzettliche, glänzend dunkelgrüne Blätter; rosarote Blütenähren, im Herbst rote bis bronzefarbene Fruchtstände; Blütezeit: V–VIII (–X)

Wuchs: lockerkriechende Polster bildend, wird 10–25 cm hoch

Standort: beheimatet im Himalaya; frische, feuchthumose Lehmböden; Sonne und Halbschatten

Pflanzung: flächig im Wechsel mit anderen Polsterstauden wie Schaumblüte und Waldsteinie, dazwischen höhere Solitärstauden wie Iris, Glockenblume, Fingerhut, Gelenkblume u. a.; gegen empfindliche Kleinstauden wie Primeln abgrenzen, ansonsten geringer Pflegeaufwand; auch für den Teichhintergrund (L/2) geeignet

Vermehrung: durch Teilung oder Aussaat

Außerdem im Handel:

P. affine 'Superbum'; rosarot, V–IX, 10–25 cm

P. bistorta (Wiesenknöterich) und *P. amphibium* (Wasserknöterich), siehe Wasserpflanzen (W/3)

Primula
Primelarten

Dem Liebhaber botanischer Seltenheiten bietet *Primula,* die namensgebende Gattung der Familie der Primelgewächse, eine reiche Auswahl. Viele Wildarten und ihre Kulturformen eignen sich für das Feuchtbeet (L/1) des Teichufers. Sie lösen sich in ihrer Blütezeit ab, die vom Vorfrühling bis in den Herbst andauert.

Nach ihrer Herkunft unterscheidet man europäische Arten der Feuchtwiesen, der lichten Wälder und Gebirgslagen. Die außereuropäischen Arten sind in kühlfeuchten Hochlagen Ostasiens, im Himalaya und in Japan beheimatet. Bei entsprechender Kultur, die sich nach dem heimatlichen Standort richtet, eignen sich die meisten Arten auch für unsere Gärten. Sie verlangen einen tiefgründig-lockeren, stets feuchthumosen, lehmig-moorigen Waldboden in halbschattiger Lage. In voller Sonne und bei Trockenheit dagegen kümmern sie. Winterliche Staunässe, ein weiterer Risikofaktor, läßt sich durch eine Kiesdränage verhindern. Besonders winterhart und anspruchslos sind die heimischen Schlüsselblumen, die Kissenprimel, die Rosenprimel, die Japanprimel sowie die Etagen- und Glockenprimeln. Die anspruchsvollen Orchideen- und Kopfprimeln verlangen einen moorigen Boden und Winterschutz. Sie sind besonders anfällig gegen Schnecken und müssen entsprechend geschützt werden.

Die Pflanzung der Primeln erfolgt am zweckmäßigsten im Containertopf unter lichten Kleingehölzen und zwischen zierlichen Stauden wie Akelei, Fingerhut und Pfirsichblättriger Glockenblume. Die höheren Etagen- und Glockenprimeln wirken am besten solitär zwischen niederen Polsterstauden wie Schattensteinbrech, Schaumblüte, Porzellanblümchen und Münzkraut oder Waldsimse.

In der Folge sind einige Arten und Sorten der heimischen Schlüsselblumen wie auch der außereuropäischen Etagen- und Glockenprimeln beschrieben, die sich an unserem Teich über Jahre bewährt haben.

Auf Primeln, wie die rotblühende Primula japonica, sollte man bei der Feuchtbeetbepflanzung nicht verzichten

Primula elatior, Waldschlüsselblume

Primula elatior
Waldschlüsselblume

Die frühblühende heimische Waldschlüsselblume breitet sich rasch aus und wird von Fliegen, Käfern, Bienen und Hummeln beflogen.

Merkmale: schief aufsteigendes, kurzes Wurzelstöckchen, das neue Sprosse bildet; eiförmig-längliche, am Rand gewellte Blätter mit runzliger Oberfläche; langgestielte, schwefelgelbe Doldenblüten; Blütezeit: III–V
Wuchs: flach ausgebreitete, grundständige Rosette, 15–25 cm hoch
Standort: heimisch, auf schattigeren Wiesen (Nordseite), in lichten Laubwäldern, auf Quellfluren sowie an Uferrändern; feuchthumose Lehmböden; Halbschatten
Pflanzung: benachbart mit Schaumblüte, Schattensteinbrech, Akelei und niederen Gräsern
Vermehrung: durch Teilung und Selbstaussaat
Außerdem im Handel:
P. veris (Schlüsselblume); dottergelb, III–IV, 20 cm
P. vulgaris (früher: *P. acaulis;* Kissenprimel); verschiedene Farben, III–IV, 10 cm
P. auricula (Alpenaurikel); gelb, IV–V, 20 cm
P. farinosa (Torfmoorsumpfprimel); rosa, II–IV, 10–20 cm; heimische Sumpfprimel
P. rosea; rosarot, III, 10–20 cm; Sumpfprimel aus dem Himalaya
P. x pruhoniciana (Hybride); purpurviolett, III, 5 cm
P. juliae; violett, III, 5 cm; aus dem Kaukasus stammend

Kissenprimeln gibt es in vielen Blütenfarben

Primula rosea an einem Bachlauf

Primula florindae
Glockenprimel

Nicht nur der Gartenbesitzer, sondern auch Bienen und Hummeln erfreuen sich an dieser spät- und langblühenden, winterharten Primel, die schattige, feuchte Lagen bevorzugt.

Merkmale: kurzes Wurzelstück mit Seitensprossen; große, länglich-herzförmige, stumpf gezähnte Blätter mit langem rötlichem Blattstiel; hängende, schwefelgelbe Glockenblüten, die in Dolden an rötlichen Blütenstielen sitzen; Blütezeit: VI–VIII
Wuchs: große grundständige Blattrosette, darüber hoch aufragender Blütenstand, 20–80 cm hoch
Standort: beheimatet im südöstlichen Tibet, an beschatteten Ufern; feuchthumose Lehmböden; Halbschatten und Schatten

Pflanzung: auch im Sumpfbereich (W/1) möglich; am Teichrand unter lichtem Gehölz, benachbart mit Schattensteinbrech, Münzkraut, Sumpfvergißmeinnicht, Waldsimse und mit der Schachbrettblume

Vermehrung: durch Teilung oder Aussaat

Außerdem im Handel:

Weitere Sumpfprimeln (in China beheimatet):

P. capitata; blau bis dunkelviolett, VII–VIII, 15–30 cm; mit silberweiß bestäubten Blättern

P. sikkimensis; gelb, VI–VII, 20–60 cm

P. secundiflora; dunkelviolett, VI–VII, 40 cm

P. vialii (Orchideenprimel); scharlachrot bis dunkelviolett, VI–VII, 60 cm

Primula pulverulenta

Etagenprimel

P. pulverulenta ist eine der schönsten Etagenprimeln. Ihr reicher und langwährender Blütenflor wird auch von Bienen und Hummeln sehr geschätzt.

Merkmale: kurzes Wurzelstück, aus dem neue Sprosse entstehen; breit lanzettliche, am Rand gezähnte Blätter; karminpurpurrote Blüten mit gelbem Auge; ein Blütenkranz »baut« sich über den anderen, Stengel und Kelch sind mehlig weiß; Blütezeit: VI–VII

Wuchs: schlank aufrecht, über flacher Blattrosette von unten nach oben in Etagen aufblühend, 20–60 cm hoch

Primula florindae, Glockenprimel

Primula pulverulenta, Etagenprimel

Primula vialii, Orchideenprimel

Primula bulleyana

Standort: wie die meisten Etagenprimeln aus China stammend; auf Feuchtwiesen und in lichten Wäldern, in Hochgebirgslagen mit großer Luftfeuchte und milden Wintern; feuchtfrische Lehm- und Laubhumusböden; Halbschatten

Pflanzung: solitär am Teichrand zwischen niedrigen Stauden und Gräsern wie Schattensteinbrech, Iris, Schaumblüte, Waldsteinie, Münzkraut, Hainsimse; Pflanzstelle so wählen, daß sie durch lichte Gehölze vor der prallen Mittagssonne geschützt ist

Vermehrung: durch Teilung oder Aussaat

Außerdem im Handel:

P. x bullesiana; gelborange, VI–VII, 40 cm
P. bulleyana; orangegelb, VI–VII, 40 cm
P. beesiana; purpurn, VI–VII, 40 cm
P. japonica 'Atropurpurea'; karminpurpurrot, VI–VIII, 50 cm

Pulmonaria officinalis

Lungenkraut

Das in Europa beheimatete Borretschgewächs eignet sich gut zur Unterpflanzung von Gehölzen und Stauden. Schon im März dient sie als Bienenweide, die anspruchslose Halbschattenstaude ist außerdem als Heilpflanze bekannt.

Merkmale: dicker Wurzelstock mit dünnen, kriechenden Seitenwurzeln; breit-lanzettliche, dunkelgrüne, weißlich gefleckte Blätter mit rauher Behaarung; trichterförmige, glockige Blüten, die anfangs rosa, nach Bestäubung blauviolett sind; Blütezeit: III–IV

Wuchs: großblättriger Bodendecker, bis 25 cm hoch und breit

Standort: heimisch, lichte Laubwälder und Waldränder, überwintert unter der Laubdecke; kalkhaltige, feuchthumose Lehmböden, Laubhumusböden; Halbschatten und Schatten

Pflanzung: auch im Teichhintergrund (L/2); gruppenweise, benachbart mit Schaumblüte, Waldsteinie, Fingerhut, Akelei, Sibirischer Iris, Mädesüß und Moschusmalve; unter höheren Stauden und Gehölzen

Vermehrung: durch Teilung

Außerdem im Handel:

P. angustifolia 'Azurea'; tiefblau, III–IV, 30 cm

Saxifraga umbrosa

Porzellanblümchen, Schattensteinbrech

Steinbrechgewächse haben ihre Heimat in Gebirgen Europas und Asiens. Die Gattung *Saxifraga* umfaßt etwa 300 Arten. Der Schattensteinbrech löst die Schaumblüte – ebenfalls ein Steinbrechgewächs – in der Blüte ab. Die zierliche, ausdauernde und wintergrüne Blütenstaude für halbschattige Lagen, lockt im Frühsommer zahlreiche Kleininsekten an.
Viele trockenheitsliebende Verwandte des Porzellanblümchens finden wir im Steingarten wieder.

Saxifraga umbrosa, Porzellanblümchen

Pulmonaria officinalis, Lungenkraut

Merkmale: Faserwurzeln; ovale, am Rand gekerbte, oberseits graugrüne und unterseits rötliche Blätter; weiße Blütenrispe, Einzelblüten mit gelblicher Mitte, am Grunde rot; Blütezeit: V–VI
Wuchs: flache Blattrosetten, darüber lockere Blütenrispen, 10–30 cm hoch
Standort: in den Pyrenäen beheimatet, in lichten Wäldern; feuchthumose, sandige Lehmböden, Laubhumusböden; Halbschatten und Schatten
Pflanzung: flächig am Uferrand, unter lichtem Gehölz; benachbart mit Schaumblüte, Primeln, Akelei, Binsenlilie, Schneerosen und Fingerhut
Vermehrung: durch Teilung
Außerdem im Handel:
S. umbrosa 'Elliots Var.'; weiß, V–VI, 10–30 cm
S. cortusifolia var. fortunei; weiß, IX–X, 10–25 cm
S. cespitosa 'Blütenteppich'; karminrot, V–VI, 10 cm

Tiarella cordifolia, Schaumblüte

Tradescantia virginiana, Dreimasterblume

Tiarella cordifolia
Schaumblüte

Das in Neuschottland beheimatete Steinbrechgewächs hat sich, ähnlich wie der später blühende Schattensteinbrech, hervorragend als ausdauernder, zierlicher Bodendecker für feuchthumose, halbschattige Standorte bewährt. Die äußerst attraktive Staude ist Anziehungspunkt für zahlreiche Insekten.
Neben den hübschen Blüten trägt auch die Herbstfärbung zum Zierwert bei.

Merkmale: Faserwurzeln; herzförmige, fünflappige, am Rand gesägte Blätter, die sich im Herbst rötlich-bronze verfärben; kerzenartig aufrechte, zartlockere, weiße Blütenstände; Blütezeit: IV–V
Wuchs: niedriger, ausläuferbildender Bodendekker, 10–30 cm hoch
Standort: beheimatet in Neuschottland/Kanada, in lichten Wäldern; feuchthumose Lehmböden; Sonne und Halbschatten
Pflanzung: flächig am Teichrand; benachbart mit Primeln, Waldsteinie, Anemonen, Knöterich, dazwischen passen Solitärstauden wie Akelei, Fingerhut, Glockenblume oder das Purpurglöckchen
Vermehrung: durch Teilung oder über Ausläufer
Außerdem im Handel:
T. wherryi; cremeweiß, V–VII, 15–30 cm

Tradescantia virginiana
Dreimasterblume

Die anspruchslose Staude aus der Familie der Korbblütler ist in Amerika beheimatet. Sie eignet sich gut für den halbschattigen Teichrand, wo sie als langblühende, von vielen Insekten besuchte Uferstaude mit eigenartigem Reiz einen besonderen Blickfang darstellt.
Angeboten werden außerdem zahlreiche Hybriden, die blau, violett oder weiß blühen.

Tradescantia-Andersoniana-Hybride

Trollius europaeus, Trollblume

Merkmale: dünne, weitstreichende Wurzeln; Blätter anfangs gefaltet, spitz zulaufend, wechselständig; blauviolette Blüten in Büscheln; Blütezeit: V–VIII
Wuchs: locker aufrecht mit flach überhängenden Blättern, 50–60 cm hoch und breit
Standort: beheimatet in Amerika, auf Feuchtwiesen; humose, lehmige Böden; Sonne und Halbschatten
Pflanzung: solitär am Teichrand zwischen niedrigen Polsterstauden wie Schattensteinbrech, Schaumblüte, Knöterich und Münzkraut
Vermehrung: durch Teilung oder Aussaat
Außerdem im Handel:
T.-Andersoniana-Hybriden mit verschiedenen Blütenfarben, z. B. die Sorten
'James Crawford Weguelin'; blau, VI–VIII, 60 cm
'Leonora'; dunkelviolett, VI–VIII, 50 cm

Trollius europaeus
Trollblume

Neben Sumpfhahnenfuß und Sumpfdotterblume gehört auch die Trollblume zur großen Familie der Hahnenfußgewächse. Unter den vielen Arten der Gattung *Trollius* existiert auch eine natürliche Zwergform, *T. yunnanensis,* die man zusammen mit der seltenen Orchideenprimel auf 3000–4000 m hoch gelegenen Bergwiesen im nordwestlichen Yünnan (China) antreffen kann. Nicht ganz so mühsam ist es, unsere attraktive heimische Trollblume zu finden, da sie häufig noch in Alpentälern vertreten ist. Vor zwei Jahrzehnten konnte man sie auch noch im tiefergelegenen Hügelland antreffen, dort ist sie heute jedoch fast verschwunden. Mittlerweile steht sie unter Naturschutz. Am Gartenteich macht die Staude nicht nur Insekten und Käfern das Leben angenehmer, sondern schmückt auch die Randzone mit ihren charakteristischen gelben Kugelblüten, die im Anschluß an den Flor der Sumpfdotterblume erscheinen.

Merkmale: feine, tiefgehende Faserwurzeln; handförmiges, durch tiefe Einschnitte in 5 Teilblätter gegliedertes, am Rand gezähntes Laub; hellgelbe, kugelförmige Blüten an hohen Stielen; Blütezeit: IV–V
Wuchs: locker, buschig, etwa 30–50 cm hoch
Standort: heimisch in Süddeutschland, auf nassen Bergwiesen und an Bachläufen des Hügellandes, heute durch Umbruch und Düngung stark gefährdet; feuchthumose Lehm- und Moorböden; Sonne bis Halbschatten
Pflanzung: einzeln und in Gruppen; benachbart mit Sibirischer Iris, Akelei, Dreimasterblume, Mädesüß und niederen Gräsern; auch für den Teichhintergrund (L/2) geeignet
Vermehrung: durch Teilung oder Aussaat
Außerdem im Handel:
Zahlreiche Züchtungen europäischer und ostasiatischer Herkunft, z. B.
T. chinensis 'Golden Queen'; goldgelb, IV–VII, 80 cm
T.-Hybride (T. x cultorum) 'Earliest of All'; gelb, IV–V, 70 cm

Teichhintergrundpflanzen (L/2)

Aconitum napellus
Eisenhut

Die Gattung *Aconitum* gehört zu den Hahnenfußgewächsen und umfaßt etwa 30 Arten mit vielen Züchtungen, die teils gelb, teils blau blühen und entweder rankend oder hoch aufrecht wachsen. Zu den letzteren gehört *A. napellus,* unser heimischer Eisenhut, dessen blauviolette Blüten zahlreiche Bienen, Hummeln und andere Insekten anziehen. Seine natürlichen Standorte sind Gebirgsgegenden und Flußtäler auf der gesamten nördlichen Halbkugel. Bei uns ist er jedoch in der freien Landschaft selten geworden, so daß er heute unter Naturschutz steht.
Am Gartenteich kann man die dekorative Hochstaude mit etwas später blühenden Züchtungen chinesischer Herkunft kombinieren; so läßt sich der hübsche Flor des Eisenhuts bis in den Herbst hinein verlängern. Alle Eisenhutarten führen in sämtlichen Pflanzenteilen den Giftstoff Aconitin. In kleinen Mengen, deren Festlegung man allerdings unbedingt dem Fachmann überlassen sollte, hat diese Substanz eine heilende Wirkung bei Nervenbeschwerden.

Merkmale: rübenförmige Pfahlwurzel, die Tochterpflanzen für das kommende Jahr bildet und im Herbst abstirbt; dunkelgrüne, drei- bis fünffach gefiederte Blätter; blauviolette Blütenrispe mit 5 Blütenblättern; das mittlere überwölbt helmartig die Nektarien, also die Drüsenzellen, die zur Anlockung von Insekten Zucker ausscheiden; Blütezeit: VII–VIII
Wuchs: schlank-aufrecht, mit aufragender Blütenrispe, 100–120 cm hoch
Standort: heimisch, im Bergland und in lichten Auwäldern; feuchthumose Lehmböden, Waldhumusböden; Halbschatten
Pflanzung: einzeln und in Gruppen; zusammen mit Kreuzkraut, Mädesüß, Gelenkblume und Frauenmantel
Vermehrung: durch Teilung oder Aussaat

Aconitum napellus, Eisenhut

Außerdem im Handel:
A. vulparia (Wolfseisenhut); gelb, VI–VIII, 60–120 cm
Europäische Züchtungen:
A. napellus; gelb, VI–VIII, 60–100 cm
A. napellus 'Sparks'; dunkelblau, VII–VIII, 100–120 cm
Spätblühende Züchtungen chinesischer Herkunft:
A. carmichaelii var. arendsii; dunkelblau, VIII–X, 180 cm
A. carmichaelii var. wilsonii; lichtblau, IX–X, 150 cm

Circaea x intermedia
Großes Hexenkraut

Das Nachtkerzengewächs ist eine zarte Schönheit unter lichten Gehölzen, die aber im Garten zur »Hexe« werden kann, wenn man ihre weitverzweigten, weißen Wurzeln nicht bezähmt. Man sollte sie daher in tiefen Pflanzgefäßen isolieren und nur mit wüchsigen Stauden kombinieren. Sie ist deshalb auch nur für den Hintergrund größerer Teiche geeignet. Die zierlichen Blüten der heimischen Waldpflanze ziehen zahlreiche kleine Insekten, besonders Schwebfliegen an.

Merkmale: Wurzel mit weitverzweigten, dünnen, weißen Ausläufern, stark wuchernd; gegenständige, eiförmig zugespitzte, dunkelgrüne Blätter; Blütentrauben mit zarten, weißrosa Kronblättchen und 2 rötlichen Kelchblättern; Blütezeit: VI–VIII; Schließfrüchtchen

Aconitum carmichaelii (links) blüht noch im Oktober

Circaea x intermedia, Großes Hexenkraut

Wuchs: locker aufrecht, 30–40 cm hoch
Standort: heimisch, auf feuchthumosen Waldlichtungen des Hügellandes und in Aulandschaften; frische, feuchthumose Lehmböden; Halbschatten
Pflanzung: unter lichtem Gehölz zum Verwildern oder isoliert in einem Pflanzgefäß zwischen Frauenmantel und Gräsern
Vermehrung: über Ausläufer, durch Teilung oder Aussaat
Außerdem im Handel:
C. alpina (Kleines Hexenkraut); weiß, VII–VIII, 10–20 cm

Filipendula ulmaria
Mädesüß

Beheimatet in Europa, Asien, Japan, der Mongolei und in Nordamerika, wartet das Rosengewächs mit vielen Arten und Züchtungen mit Blütenfarben von Weiß bis Rosarot auf. Die heimische Hochstaude ist auch heute noch in Feuchtwiesen und Gräben als »Wiesenkönigin« weit verbreitet. Die anspruchslose, robuste und sehr lang blühende Staude erfreut uns im Hochsommer mit lockeren Blütenrispen zwischen zur selben Zeit blühenden Nachbarn wie der Moschusmalve und dem Blutweiderich. Sie eignet sich besonders für große Teichanlagen und wird von Hummeln, Bienen und Käfern gern besucht.

Filipendula ulmaria, Mädesüß

Merkmale: knollig verdickte Wurzel mit Faserwurzeln, die sich flach über dichtem Untergrund ausstrecken; dunkelgrüne, fiederteilig gelappte, unterseitig graufilzige, behaarte Blätter; weißgelbliche Blütenblätter, die mittlere Blütendolde ist von seitlichen Doldenrispen überwachsen; Blütezeit: VI–VIII
Wuchs: stattlich aufrecht, 80–100 cm hoch, 50 cm breit
Standort: heimisch, großflächig verbreitet als »Mädesüßhochstaudenflur« in Flachmooren, auf Feuchtwiesen und unter lichtem Ufergehölz; feuchthumose, leicht saure Böden; Sonne und Halbschatten
Pflanzung: einzeln und in Gruppen; benachbart mit robusten Hochstauden wie Blutweiderich, Eisenhut, Moschusmalve
Vermehrung: durch Teilung
Außerdem im Handel:
F. purpurea 'Elegans'; karminrot, VII–VIII, 80–100 cm

Geranium pratense
Wiesenstorchschnabel

Die Storchschnabelgewächse bilden eine große Familie, zu der sowohl niedere Polsterpflanzen als auch hochwüchsige Stauden gehören. Auch innerhalb der Gattung *Geranium* gibt es zahlreiche Arten und Züchtungen, die die ganze Palette vom Bodendecker bis zur Hochstaude abdecken und sich auch für die Umgebung des Teiches eignen. Unser heimischer Wiesenstorchschnabel ist eine buschig wachsende, langblühende, anspruchslose Staude für mäßig feuchte Standorte, deren Blüten zahlreiche Insekten, vor allem Bienen anlocken. Natürliche Bestände finden sich in fast ganz Europa sowie in Mittelasien.

Merkmale: kriechender Wurzelstock mit Faserwurzeln; grüne, handförmige, tief eingeschnittene Blätter, braune Nebenblätter; himmelblaue, weiß-gestreifte Blüten; Blütezeit: VI bis VIII; die Frucht gab der Pflanze ihren Namen: Sie ähnelt in ihrer Form einem Storchschnabel

Wuchs: buschig, locker bis ausladend, 60–80 cm hoch

Standort: heimisch, auf Feuchtwiesen und am Ufersaum; feuchthumose, lehmige Böden; verträgt auch Trockenperioden; Sonne und Halbschatten

Pflanzung: einzeln zwischen niedrigen Stauden wie Gedenkemein, Frauenmantel und Elfenblume

Vermehrung: durch Aussaat oder Teilung

Außerdem im Handel:

Zahlreiche heimische und fremdländische Wildarten und Züchtungen für den Teichhintergrund (L/2), z. B.

G. sylvaticum (Waldstorchschnabel); blauviolett, VII–VIII, 40–60 cm

Für den Teichrand (L/1):

G. dalmaticum; hellrosa, VII–VIII, 10 cm

G. endressii; rosa, VII–VIII, 30 cm

Lysimachia vulgaris
Gemeiner Gilbweiderich, Felberich

Gleich dem winzigen Pfennigkraut und dem Scharbockskraut, das nach der Blüte die oberirdischen Pflanzenteile einzieht, zählt der hohe, robuste Gilbweiderich oder Felberich zu den Primelgewächsen. Die in Europa und Asien auf Feuchtwiesen verbreitete Pflanze ist eine langblühende, ausdauernde Hochstaude, die sich für Großpflanzungen im Teichhintergrund eignet und besonders von Bienen und Schwebfliegen besucht wird.

Mit einer reicheren Blüte kann der Goldfelberich, *L. punctata,* aufwarten. Da er alle Nachbarn verdrängt, haben wir ihn auf der Südseite des Vogelbeerbaumes solitär gestellt.

Geranium pratense, Wiesenstorchschnabel

Lysimachia vulgaris, Gemeiner Gilbweiderich

Lysimachia punctata, Goldfelberich

Merkmale: kräftiger Wurzelstock mit Faserwurzeln, wuchernd; eiförmig-lanzettliche, gegenständig gekreuzte Blattquirle mit je 3 bis 4 Blättern; goldgelbe Blüten in langen Rispen; Blütezeit: VII–VIII

Wuchs: stattlich, aufrecht, 60–120 cm hoch und 50 cm breit

Standort: heimisch, am Rand verlandeter Seen, an Gräben und im Erlenbruch; feuchte Lehmböden; Sonne und Halbschatten

Pflanzung: nur an größeren Teichanlagen; benachbart mit Mädesüß, Eisenhut und Blutweiderich

Vermehrung: durch Teilung

Außerdem im Handel:

L. punctata (Goldfelberich); goldgelb, VI–VIII, 70 cm

L. thyrsiflora; gelb, VI–VII, 40 cm

Lythrum salicaria

Blutweiderich

Lythrum salicaria, Blutweiderich

Das leuchtend karminrote Weiderichgewächs ist über die ganze nördliche gemäßigte Klimazone verbreitet und an seinen natürlichen Standorten häufig mit Mädesüß vergesellschaftet. Man sollte den Blutweiderich nicht in den Teich oder im Bereich des Feuchtbeetes pflanzen, da er mit seinen sehr tiefgehenden, holzigen Wurzeln die Folie durchbohren könnte. Im Teichhintergrund dagegen ist die anspruchslose, hübsche Staude gut aufgehoben; dank ihrer kräftig entwickelten Wurzeln übersteht sie dort in tiefgründigen, lehmigtonigen Böden auch Trockenzeiten gut. Den Sommer über schmückt sich der Blutweiderich mit karminroten Blüten, die vor allem von Bienen und Schmetterlingen, aber auch von anderen Insekten gern aufgesucht werden.

Merkmale: tiefgehender, holziger Wurzelstock; kreuzweise-gegenständige, schmal-lanzettliche Blätter; rund 20 cm lange Scheinähre mit quirlförmig angeordneten, karminroten Blüten in den Achseln grüner Hochblätter; Blütezeit: VII–VIII

Wuchs: schlank-aufrecht, 100-150 cm hoch

Standort: heimisch, an Gräben, in Wasserschwadenrasen und Torfwiesen; feuchthumose, auch tonig schwere Böden; Sonne und Halbschatten

Pflanzung: einzeln und in Gruppen; benachbart mit Mädesüß, Eisenhut und Gilbweiderich, solitär zwischen Frauenmantel und Pfeifengras

Vermehrung: durch Teilung oder mit Hilfe von Stecklingen

Außerdem im Handel:

L. virgatum (Rutenweiderich) 'Rose Queen'; rosarot, VII–VIII, 70 cm

Malva moschata, Moschusmalve

Malva moschata
Moschusmalve

Malvengewächse sind Dauerblüher, so auch die in Europa beheimatete Moschusmalve. Unser unverwüstlicher Gartenliebling blüht den ganzen Sommer über, zusammen mit Mädesüß und Blutweiderich, löst in der Wiese die Margeritenblüte ab und hält sich als Solitärstaude auch in der prallen Sonne an der Hausterrasse. Die anspruchslose, mittelhohe Staude wird von zahlreichen Schwebfliegen, Hummeln, Bienen, Käfern und Schmetterlingen besucht.

Merkmale: sehr tiefgehender, rübenartiger Wurzelstock mit Seitenwurzeln; handförmige, tiefeingeschnittene Blätter; großblumige, hellrosa Blüten; Blütezeit: VII–X
Wuchs: lockerer, breit wachsender Busch, 50 cm hoch und breit
Standort: heimisch, auf feuchten und trockenen Wiesen, an Feldrainen, in Gärten; humose Lehmböden; Sonne und Halbschatten
Pflanzung: unter lichtkronige Gehölze, benachbart mit Mädesüß, Eisenhut, Skabiose, Baldrian
Vermehrung: über Samen (Selbstaussaat)
Außerdem im Handel:
M. alcea (Sigmarskraut); rosenrot, VII–IX, 70 cm

Molinia caerulea, Pfeifengras

Molinia caerulea
Pfeifengras

Das in ganz Europa verbreitete Pfeifengras ist eines unserer schönsten heimischen Sauergräser. Es bildet breite Horste blaugrüner Halme, die sich im Herbst goldgelb verfärben. Als charakteristisches Gras der Niedermoore und staunassen Mineralböden fühlt sich die stattliche Solitärpflanze auch am Teich wohl. Im Handel werden heute viele exotische Gräser für den Teichrand angeboten, wie das Stachelschweingras, das Silberährengras, das Reiherfedergras oder der Gartenbambus. Wir haben diese Fremdlinge jedoch nicht an unseren bescheidenen Teich gepflanzt und dem Pfeifengras den Vorzug gegeben. In Frage kommt auch *M. arundinacea,* das Riesenpfeifengras.

Merkmale: tiefgehender Wurzelstock mit dünnen, kurzen Seitenwurzeln; blaugrüne, überhängende, feine Grashalme; bläulichbraune Blütenrispen auf drahtigen, hohen Stielen; Blütezeit: VIII–X
Wuchs: aufrechte Horste, 30–40 cm hoch mit 80–120 cm hohen Blütenrispen
Standort: heimisch, Pfeifengrasstreuwiesen auf Niedermooren und wechselfeuchten Mineralböden, heute nur noch in geringen Beständen vorhanden; Sonne und Halbschatten
Pflanzung: im Teichhintergrund solitär stellen; auch benachbart mit Blutweiderich, Sibirischer Iris, Hexenkraut und Gelenkblume
Vermehrung: durch Teilung

Omphalodes verna, Gedenkemein

Omphalodes verna
Gedenkemein, Waldvergißmeinnicht

Dieses im südlichen Europa beheimatete, dem Vergißmeinnicht ähnliche, ausdauernde Borretschgewächs breitet sich als niedriger Bodendecker rasch aus und setzt sich auch unter Gehölzen und robusten Hochstauden durch. Hier kann man den anspruchslosen Frühjahrsblüher, dessen Flor Bienen und Hummeln anlockt, gut verwildern lassen.

Merkmale: flach kriechende Wurzel, wuchernd; eiförmige, frischgrüne, gestielte Blätter; himmelblaue Blüte mit weißer Mitte, dem Vergißmeinnicht ähnlich; Blütezeit: III–Mitte V

Wuchs: ausläufertreibende, niedrige Polsterstaude, 10–15 cm hoch

Standort: beheimatet im südlichen Europa; feuchtlehmige, frische Böden; Halbschatten und Schatten

Pflanzung: unter Gehölze und zwischen Hochstauden wie Eisenhut, Staudenmalve, Storchschnabel; flächig neben kriechendem Günsel, Elfenblume, Lungenkraut und Frauenmantel; Vorsicht: schwachwüchsige Stauden wie Primeln werden leicht überwuchert!

Vermehrung: durch Teilung oder über Ausläufer

Außerdem im Handel:

Brunnera macrophylla (Kaukasusvergißmeinnicht); blau, IV–VI, 40 cm;
dieses Borretschgewächs ist dem Gedenkemein recht ähnlich, wird jedoch höher

Physostegia virginiana, Gelenkblume

Physostegia virginiana
Gelenkblume, Etagenerika

Diese Hochstaude aus der Familie der Lippenblütler blüht erst im Herbst, wenn die Blütezeit der meisten Stauden zu Ende geht. Die aparten rosalila Blütenstände halten sich sogar bis zum Frost; bis dahin hat allerdings der vorher zahlreiche Insektenbesuch merklich nachgelassen.

Merkmale: kriechender Wurzelstock, geringfügig wuchernd; dunkelgrüne, lanzettliche Blätter mit gezähntem Rand; rosalila Lippenblüten, die von unten nach oben aufblühen; die Einzelblüten sitzen an einem Gelenk, an dem sie sich nach allen Seiten drehen lassen (vgl. Name); Blütezeit: VIII–X

Wuchs: schlankwüchsig, aufrecht, 60–80 cm hoch

Standort: heimisch in Nordamerika; feuchthumose Lehmböden; Sonne

Pflanzung: eignet sich sowohl für den Teichrand als auch für den Teichhintergrund, sollte jedoch im Teichrandbeet von Nachbarstauden isoliert werden

Vermehrung: durch Teilung

Außerdem im Handel:

P. virginiana 'Summersnow'; weiß, VIII, 80 cm
P. virginiana 'Vivia'; purpur, X, 60 cm

Polemonium caeruleum
Himmelsleiter

Vom Sperrkraut, *Polemonium,* existieren etwa 30 Arten und mehrere Züchtungen. Die heimische Himmelsleiter war früher in Wäldern und Schluchten noch ziemlich verbreitet, heute ist die hübsche Staude stark gefährdet und steht unter Naturschutz. Mit ihren blauen Blütenbüscheln ist die Halbschattenstaude von besonderem Reiz, auch für Käfer, Schwebfliegen, Hummeln und Bienen. Es gibt außerdem zahlreiche hohe und mittelhohe Gartenzüchtungen.

Merkmale: kriechender Wurzelstock mit feinen Haarwurzeln; Fiederblätter an aufrechten Stengeln; endständige, himmelblaue Blüten in Büscheln; Blütezeit: V–VII
Wuchs: straff aufrecht, 60–80 cm hoch
Standort: heimisch, in Waldschluchten und an Gewässerrändern; feuchthumose Lehmböden; Halbschatten und Schatten
Pflanzung: einzeln und in Gruppen unter lichtem Gehölz und am Wasserfall; benachbart mit Mädesüß, Trollblume, Elfenblume und Frauenmantel
Vermehrung: durch Teilung oder Aussaat
Außerdem im Handel:
P. caeruleum var. album; weiß, V–VII, 80 cm
Für den Teichrand (L/1) geeignet:
P. reptans 'Blue Pearl'; lavendelblau, V–VI, 30 cm
P. x richardsonii; himmelblau, IV–VII, 40 cm

Thalictrum aquilegifolium
Akeleiblättrige Wiesenraute

Die Akeleiblättrige Wiesenraute ist robuster und starkwüchsiger als die ebenfalls zu den Hahnenfußgewächsen gehörende Akelei. An den locker aufgebauten Rispen der feinblättrigen, hohen Staude finden sich im Sommer zahlreiche Schwebfliegen und Käfer ein.
Mit ihrer zarten Blütenfarbe bildet sie einen geeigneten Hintergrund für kräftigere Farbtöne anderer Stauden.

Polemonium caeruleum, Himmelsleiter

Thalictrum aquilegifolium, Wiesenraute

Nur für große Teiche geeignet: der Bärenklau

Merkmale: kurzes Wurzelstück mit Faserwurzeln; Blätter in der Form veränderlich, eiförmig bis linealisch, doppelt bis dreiteilig gefiedert; lilarosa, federartige Blütenrispe mit hellgelben Staubbeuteln; Züchtungen sind intensiver gefärbt; Blütezeit: VI–VII
Wuchs: buschig, locker, 80–100 cm hoch, 50 cm breit
Standort: heimisch, in lichten Wäldern, auf Moorwiesen, auch aus Gärten verwildert; feuchthumose, mäßig saure Böden; Sonne und Halbschatten
Pflanzung: benachbart mit Günsel, Gedenkemein, Elfenblume und Gräsern
Vermehrung: durch Teilung oder Aussaat
Außerdem im Handel:
T. dipterocarpum; lilablau, VII–IX, 100 cm; aus China stammend

Valeriana officinalis

Gemeiner Baldrian

Die Baldriangewächse sind in Europa und in Westchina beheimatet. Die hohe Solitärstaude und Heilpflanze *V. officinalis* hat bei uns den Riesenbärenklau ersetzt; denn nachdem wir uns von der Berührung mit Blättern des Bärenklaus mehrmals Hautausschläge zugezogen hatten, wurde er aus dem Garten verbannt. Mit seinen hübschen Blütenständen und dem reizvollen Blattwerk ist der Baldrian ein würdiger Nachfolger.

Merkmale: kurzer Wurzelstock mit Ausläufern, die in der Heilkunde Verwendung finden; unpaarig gefiederte Blätter mit lanzettlichen Fiederblättchen, gezähnter Rand; Blüten in endständiger, schirmförmiger Trugdolde mit zahlreichen weißrötlichen Blütchen; Blütezeit: VI–VIII
Wuchs: locker-aufrecht, 40–160 cm hoch
Standort: heimisch, in Naßwiesen und an Uferrändern; feuchthumose Lehmböden; Sonne
Pflanzung: als Solitärstaude im Teichhintergrund
Vermehrung: durch Teilung oder Aussaat
Außerdem im Handel:
Für kleine Teiche:
V. dioica; rosa, V–VII, 30 cm
Für große Teichanlagen und Parks:
Heracleum mantegazzianum (Bärenklau); weiß, VII–VIII, 250 cm; wirkt durch seine Blätter und Blütendolden sehr dekorativ, kann aber durch Selbstaussaat lästig werden

Valeriana officinalis, der Baldrian, ziert von Juni bis August das Ufer mit seinen hübschen Blütchen

Bepflanzungs-beispiele

Die Grundsätze der Bepflanzung wurden bereits in den einleitenden Kapiteln erläutert. Wichtige Hinweise zur Zusammenstellung beziehungsweise Nachbarschaft der Gewächse finden sich in den einzelnen Pflanzenporträts, vor allem unter dem Stichwort »Pflanzung«.

Die Fülle geeigneter Pflanzen und die zahllosen Möglichkeiten, diese in den verschiedenen Bereichen im und am Teich zu gruppieren, erlauben eine Vielzahl von Gestaltungsvarianten. Hier ist nicht zuletzt die Experimentierfreudigkeit des Teichbesitzers gefragt, wobei Experimente natürlich auch einmal mißlingen können.

Anregungen zur Gestaltung der einzelnen Wuchszonen geben die folgenden fünf Bepflanzungsbeispiele. Sie sind im Maßstab 1:50 gezeichnet, das heißt, daß 1 cm in der Abbildung einer Länge von 0,5 m in der Pflanzfläche entspricht.

Sumpfbereich

Fläche: 5 m x 0,3 m = 1,5 m²

Pflanzenbedarf: 10 Pflanzen/m²

1 Sumpfvergißmeinnicht
2 Sumpfdotterblume
3 Fieberklee
4 Gauklerblume
5 Zwergbinse

Wasserbereich

Wasserfläche: ca. 10 m²
Pflanzfläche: ca. 2 m²

Pflanzenbedarf: 1 Seerose, 3 weitere Schwimmblattpflanzen, 2 Röhrichtpflanzen, 4 Unterwasserpflanzen

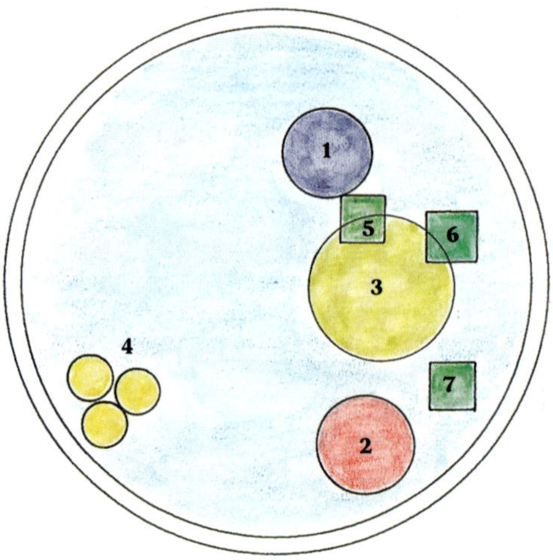

Röhrichtpflanzen
1 Hechtkraut
2 Schwanenblume

Schwimmblattpflanzen
3 Weiße Seerose
4 Seekanne (3 Stück)

Unterwasserpflanzen
5 Rauhes Hornkraut
6 Laichkraut
7 Frühlingswasserstern

Teichrand (Uferrandfeuchtbeet)

Fläche: 5 m x 0,5 m = 2,5 m²

Pflanzenbedarf:
halbhohe Stauden: 3–5 Pflanzen/m²
Bodendecker und niedrige Stauden: 6–10 Pflanzen/m²

Halbhohe Stauden
1 Akelei
2 Sibirische Iris
3 Pfirsichblättrige Glockenblume
4 Dreimasterblume
5 Kuckuckslichtnelke

Niedrige Stauden, Bodendecker
6 Schaumblüte
7 Schattensteinbrech
8 Grasnelke
9 Primelarten
10 Pfennigkraut, flächig in Lücken

Teichhintergrund

Fläche: 5 m x 2 m = 10 m²

Pflanzenbedarf:
Hochstauden: 2–3 Pflanzen/m²
Bodendecker: 8–10 Pflanzen/m²

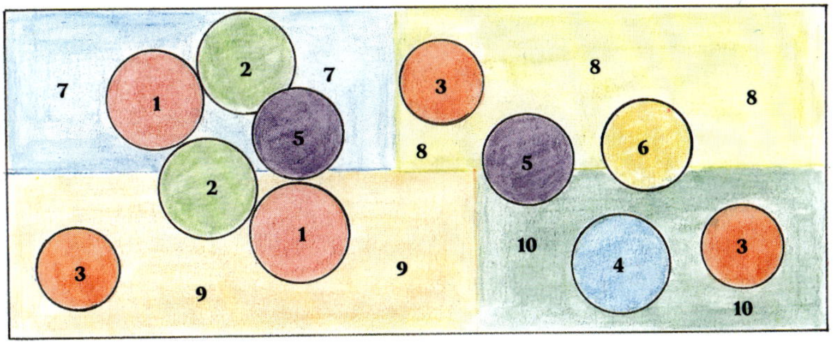

Hochstauden
1 Moschusmalve
2 Mädesüß
3 Blutweiderich
4 Storchschnabel
5 Eisenhut
6 Gelenkblume

Bodendecker
7 Gedenkemein
8 Knöterich
9 Elfenblume
10 Braunelle

Teichhintergrund mit Wasserfall

Fläche: 5 m x 2 m = 10 m^2

Pflanzenbedarf:
Schattenstauden: 2–3 Pflanzen/m^2
Bodendecker: 8–10 Pflanzen/m^2

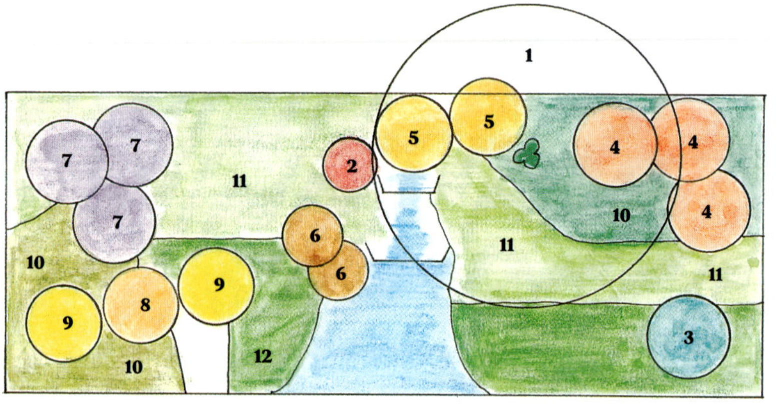

Gehölze
1 Vogelbeere
2 Seidelbast
3 Azalee

Schatten- und Halbschattenstauden
4 Gilbweiderich
5 Waldgeißblatt
6 Himmelsleiter
7 Akelei
8 Blutweiderich
9 Frauenmantel

Bodendecker
10 Waldmeister
11 Waldsteinie
12 Kaukasusvergißmeinnicht

Die Tierwelt des Gartenteiches

Gefährdung der Lebensräume

Vielen ist bis heute nicht bewußt, daß sich die Landschaft als Lebensraum für Tiere und Pflanzen, aber auch für die Menschen selbst negativ verändert hat und weiter entsprechend verändert. Besonders gefährdet ist die heimische Tierwelt der Feuchtgebiete und Kleingewässer. So wandelt man Feuchtwiesen, die bislang einmal im Jahr gemäht wurden und einen besonders artenreichen Pflanzenbestand aufwiesen, durch Entwässerung und Düngung in intensiv genutzte Futterwiesen, Maisfelder oder Fichtenforste um. Aber auch die Aufgabe jeglicher landwirtschaftlichen Nutzung von Streuwiesen oder Flachmooren führt zur Vernichtung naturgeschützter Pflanzen wie der Enzianarten, Mehlprimeln oder Orchideen. Die lichtbedürftigen Blütenstauden werden nach dem Ausbleiben der Mahd überwuchert vom Kopfried und Großseggen oder Hochstauden. Dies alles führt zur Verbuschung und Wiederbewaldung.

Viele Tierarten sind auf Feuchtbiotope dieser Art angewiesen

Damit verschwindet auch der Lebensraum für viele seltene Tiere, die auf bestimmte Blütenstauden und offene Wasserflächen angewiesen sind. Ein Drittel der bereits ausgestorbenen Pflanzen sind Bewohner von Feuchtgebieten. In wenigen Jahrzehnten wurde etwa die Hälfte der in der Bundesrepublik bestehenden Tümpel und Weiher durch Dränage und Verfüllung mit Bauschutt oder Müll zerstört. Bäche wurden begradigt und mit eingeschwemmtem Dünger belastet. Dadurch gingen unersetzliche Lebensstätten und Laichplätze für Molche, Frösche und Kröten wie auch Quartiere für Wasserinsekten verloren. Von den 18 heimischen Lurcharten sind mit Ausnahme des Feuersalamanders alle auf freies Wasser angewiesen. Ein Teil der rund 60 bei uns vorkommenden Libellenarten lebt während des oft über Jahre andauernden Larvenstadiums in stehenden oder fließenden Gewässern – vorausgesetzt, daß diese ausreichenden Pflanzenbewuchs aufweisen und daß die Wassergüte in Ordnung ist. Nach den Roten Listen der in ihrem Bestand gefährdeten Tiere sind 11 von 19 Amphibienarten bedroht. Gefährdet sind unter anderen der Teichmolch, der Kammolch, die Erdkröte, der Gras- und der Moorfrosch, der Laub- und der Wasserfrosch, stark gefährdet sind Rotbauchunke, Wechselkröte, Seefrosch und Bergmolch.

Maßnahmen gegen den Artenschwund

Aufgabe des staatlichen Naturschutzes ist unter anderem die Bewahrung und Pflege großer Feuchtgebiete für Brutvögel. Ein vordringliches Ziel sollte daneben auch die Erhaltung und Gestaltung einer intakten, durch Hecken und Kleingewässer vernetzten und gegliederten Kulturlandschaft sein, in der auch gefährdete Pflanzen und Tiere ausreichend Lebensraum finden.

Nach dem Bundesartenschutzgesetz vom 25. August 1980 sind heute zahlreiche gefährdete Tiere geschützt, so

- alle Frosch- und Schwanzlurche
- Taumelkäfer, Kolbenkäfer und Wasserläufer
- Libellen wie Azurjungfer, Smaragd-, Pracht- und Heidelibelle
- Steinfliegen, Köcherfliegen, Eintagsfliegen und Wasserspinnen

- Sumpfdeckel-, Schlamm- und Tellerschnecken
- Teichmuscheln
- Wasservögel wie Großer Brachvogel, Kiebitz, Bekassine, Rohrsänger und Wasseramsel

Auch schöne Libellen wie diese Prachtlibelle sind vom Aussterben bedroht

Kleingewässer wie Teiche, Tümpel oder Weiher sollten als bevorzugte Lebens- und Zufluchtsstätten für Tiere auch im Siedlungsbereich erhalten bleiben oder neu gestaltet werden. Hier bietet sich gerade dem Gartenbesitzer die Chance, aber auch die Verpflichtung, aktiven Naturschutz zu betreiben. Voraussetzungen sind Kenntnisse über die Lebensweise der Tiere, ihr Vorkommen und den Grad der Gefährdung. Bei der Anlage eines Teiches kann man das Angenehme mit dem Nützlichen verbinden. Immer häufiger findet man in Gärten Teichanlagen, die sich als wertvolle Biotope und als Rückzugslebensraum für gefährdete Tier- und Pflanzenarten erweisen und gleichzeitig dem Zuhause-Urlauber ein Naturerlebnis ohne Stau und Streß bieten.

Vielfältige Anregungen

Ein Teich ist nicht nur ein kleiner Beitrag zum Naturschutz, nicht nur ein Ort des Verweilens und der Erholung, er regt auch zu kreativer Tätigkeit an, zum Beobachten und Mikroskopieren, zum Malen und Fotografieren. Für die Jugend ist der Teich nicht minder interessant. Es lohnt sich, mit Kindern Bau und Lebensweise der Pflanzen

Teiche im Garten bieten vielfältige Anregungen, wie dieses Aquarell des Autors anschaulich demonstriert

und Tiere zu erforschen und ihre Entwicklung zu beobachten – Verständnis für die Umwelt, für das Leben und Vergehen in der Natur werden so am eindrucksvollsten geweckt. Vor allem die Tierwelt des Teiches fasziniert Kinder wie Jugendliche, denen sich hier ein wesentlich lebendigeres und spannenderes Erlebnis bietet als beispielsweise vorm Aquarium.

Artenreichtum im und am Teich

Pflanzenreiche Kleingewässer bieten Lebensraum für zahlreiche, heute gefährdete Tierarten. Im naturnah gestalteten Gartenteich zeigen sich bereits im ersten Jahr zahlreiche Wassertiere wie Wasserläufer und Rückenschwimmer. Libellen und Köcherfliegen, deren Larven im Wasser leben, legen ihre Eier dort oder am Uferrand ab. Wasserschnecken werden oft mit Wasserpflanzen eingeschleppt, und so waren Posthornschnecken die einzigen Tiere, die wir im Zoohandel erwarben. Besteht noch eine »grüne Verbindung« vom Garten zum Wald oder Kulturland, werden sich auch bald Frösche, Molche und Kröten einfinden, die auf der Suche nach neuen Laichplätzen sind. Naturnahe Gartenteiche bilden oft letzte Refugien für gefährdete Tierarten und können so ausgeräumte Landschaften wiederbeleben.

Gefahren für das biologische Gleichgewicht

Stark wuchernde Algen und Wasserpflanzen wie Wasserlinsen mindern den Lichteinfall in das Gewässer; in kleinen, flachen Becken fördern sie besonders die Faulschlammbildung und zehren Sauerstoff. Die gefräßigen Gelbrandkäfer wie auch Libellenlarven können Kaulquappen und Jungtieren der Amphibien gefährlich werden. Der Teichfrosch verspeist gar seinen eigenen Nachwuchs, und eine Wasserschermaus hatte unsere erste Seerose und die Stengel der Schwanenblume abgebissen und säuberlich ans Ufer gezogen.
Völlig falsch wäre es, im kleinen Teich Fische einzusetzen. Sie verzehren Amphibien und Wasserinsekten, wühlen im Bodengrund und tragen zur Trübung und Eutrophierung (Nährstoffanreicherung) des Gewässers bei. Die schlimmsten Feinde jeglichen Tierlebens sind jedoch wildernde Katzen, denn sie machen nicht nur Jagd auf Singvögel und Mäuse. Die bis vor einigen Jahren in unserer Siedlung verbreiteten Teichfrösche wurden restlos vernichtet; sie fielen dem Spieltrieb einiger Katzen zum Opfer. Jetzt hoffen wir auf den Nachwuchs der Gras- und Laubfrösche, die sich scheinbar nicht so leicht jagen lassen.

Larven von Großlibellen ernähren sich auch von Kaulquappen

Reiche Bepflanzung zieht auch Tiere an

Planktonorganismen

In Gewässern leben zahlreiche mikroskopisch kleine Pflanzen und Tiere, die durch Einlagerung von Luft, Fetten und Ölen in der Lage sind, stetig im Wasser zu schweben (Plankton, von dem griechischen Wort planktos = »umherschwirren«) oder zum Wasserspiegel aufzusteigen (»Wasserblüte« in eutrophierten Gewässern).
Planktontierchen tragen zur Selbstreinigung eines Gewässers bei, indem sie organische Stoffe wie absterbende Pflanzen und Tiere zu sogenanntem Mulm abbauen, der sich am Teichboden absetzt. Zur Lebensgemeinschaft des Planktons zählen neben grünen Geißeltierchen Spaltpilze, Rädertierchen, Strudelwürmer und Krebstierchen. Im gesunden Gartenteich finden sich vorwiegend niedere Krebstierchen wie Wasserflöhe und verschiedene Ruderfußkrebse, in verschmutzten, sauren Gewässern lebt noch der Hüpferling. Sie alle bilden eine der Nahrungsgrundlagen höherer Wassertiere. Aus dieser Gruppe werden im folgenden nur einige Krebstierchen genauer beschrieben, da sie im Gegensatz zu den meisten anderen Planktonorganismen auch für den »Hobbyzoologen« recht einfach zu identifizieren sind und in fast jedem Gartenteich vorkommen.
Wegen ihrer engen Verwandtschaft mit den sehr kleinen Krebstierchen ist hier auch die Wasserassel aufgeführt, obwohl sie von ihrer Körperlänge her den mikroskopischen Größenbereich des Planktons verläßt.

Niedere Krebstierchen

Auf den ersten Blick ist es erstaunlich, daß diese millimetergroßen Organismen mit den zum Teil als Delikatessen betrachteten Hummern und Langusten verwandt sind. Die beiden Fühlerpaare und die in verschiedene Teile gegliederten Spaltfüße sowie einige andere typische Merkmale belegen jedoch, daß all diese Gliederfüßler zur Ordnung der Krebstiere gehören. Das zweite Fühlerpaar ist bei Ruderfußkrebsen und Wasserflöhen sehr klein und deshalb auch unter dem Mikroskop schwer zu erkennen.

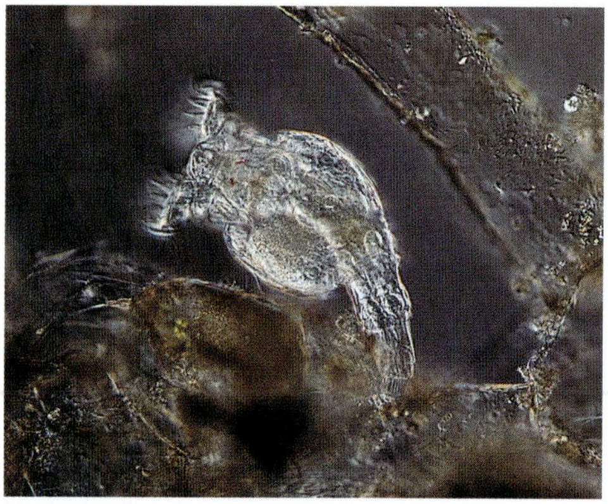

Rädertierchen (stark vergrößert)

Hüpferling

Cyclops spec.
Hüpferlinge

Das charakteristische plötzliche »Hüpfen«, bei dem die Brustbeinpaare gleichzeitig bewegt werden, erklärt den anschaulichen Namen dieser Krebstierchen. Man findet sie oft gemeinsam mit Wasserflöhen und Muschelkrebsen. Die Weibchen tragen ihre Eier mit sich, bis die Jungen schlüpfen.

Merkmale: im Wasser schwebende, graugrüne, spindelförmige Körper mit 2 gegliederten Fühlerpaaren; ruckartige Fortbewegung mit Hilfe der Brustbeine; weibliche Tiere tragen 2 sichtbare Eiersäcke; Körperlänge: 2–3 mm
Nahrung: Planktonalgen
Verbreitung: in pflanzenreichen, stehenden Gewässern; sie meiden saures Wasser

Wasserflöhe

Wasserassel

Daphnia spec.
Wasserflöhe

Wasserflöhe treten im Sommer in großen Mengen auf und bilden unter der Wasseroberfläche graugrüne bis rote Streifen.

Merkmale: winziger Körper, der frei im Wasser schwebt; durch Schlagen der gefiederten Ruderantennen (Fühler) bewegen sich die Krebstierchen sprunghaft vorwärts; Körperlänge: 3–4 mm
Nahrung: einzellige Schwebealgen und abgestorbene, zersetzte Pflanzenstoffe, die mit mineralischen Partikeln und Bakterien vermengt sind (Detritus)
Verbreitung: in pflanzen- und nährstoffreichen Gewässern, auch in gering verschmutzten Tümpeln; sie meiden jedoch saures Wasser

Höhere Krebstierchen

Obwohl es sich bei den Krebstieren überwiegend um Meeres- oder Süßwasserbewohner handelt, die mit Kiemen als Atmungsorganen ausgestattet sind, finden sich unter den Höheren Krebstieren auch einige »Landratten«. Die bekanntesten sind die Landasseln. Uns interessieren jedoch hier ihre nahen Verwandten, die Wasserasseln.

Asellus aquaticus
Wasserassel

Die Wasserassel sieht der Kellerassel sehr ähnlich, ist jedoch unbedingt auf das »nasse Element« angewiesen. Die Weibchen tragen die Eier und später auch die Larven an ihrem Körper, bis der Nachwuchs voll lebensfähig ist.

Merkmale: schmutzig-graugrüner, flachgegürteter Körper, kriecht im Uferschlamm; 8 Beinpaare, 2 lange und 2 kurze Fühler; Körperlänge: 8–12 mm
Nahrung: verwesende Stoffe (Detritus, vgl. Wasserflöhe)
Verbreitung: in nährstoffreichen, stark verschlammten Teichen und Tümpeln; auch in stärker versauerten Gewässern mit einem pH-Wert unter 5; vermehrtes Auftreten von Wasserasseln ist kein Gütezeichen für den Gartenteich

Wasserinsekten

Insekten bilden die umfangreichste Tierklasse mit zahlreichen Arten. Sie sind getrennt geschlechtlich und legen meist Eier. Die Wasserinsekten sind ihrem Lebensraum besonders angepaßt. Sie verwandeln sich über die im Wasser lebenden Larven zum Vollinsekt, ähnlich den Lurchen.
Im und am Gartenteich finden sich zahlreiche Insekten ein, angefangen von den weitverbreiteten Wasserwanzen über die oft unerwünschten Gelbrandkäfer bis hin zu den prächtigsten Libellen.

Wasserläufer

Rückenschwimmer

Wasserwanzen

Die ersten Lebewesen, die sich im Gartenteich einfinden, gehören zu den Wasserwanzen. Man unterscheidet nach Aussehen und Lebensweise zwei Gruppen:

- Wasserwanzen, die sich auf dünnen Beinen auf der Wasseroberfläche fortbewegen. Dazu zählen Wasserläufer und Teichläufer.
- Wasserwanzen, die vorwiegend in der oberen Wasserschicht leben. Mittels eines Atemrohrs am Hinterleib holen sie zeitweise an der Wasseroberfläche Luft. Dazu zählen Wasserskorpione, Rückenschwimmer und Ruderwanzen.

Gerris spec.

Wasserläufer

Das Insekt gleitet auf langen Beinen sprungartig über die Wasseroberfläche. Seine drei Beinpaare erfüllen verschiedene Funktionen: Die vorderen ergreifen die Beute, die mittleren dienen der Fortbewegung und die hinteren Beine der Steuerung. Die Eiablage erfolgt an Pflanzen; die Junglarven leben zunächst am Gewässergrund und rudern später zur Wasseroberfläche. Die fertig entwikkelten Tiere überwintern am Ufer unter Laub und Moos.

Merkmale: schmaler, spitz zulaufender Körper, oberseits braunschwarz, unterseits von einem wasserabstoßenden Haarfilz bedeckt; große, vorstehende Augen; Körperlänge: 9–12 mm

Nahrung: tote Kleininsekten, zum Beispiel Fliegen und Mücken, die auf der Wasseroberfläche schwimmen oder Wassertiere, die zum Luftholen hochkommen

Verbreitung: in Kleingewässern, in Buchten von Seen und Weihern als erste Lebewesen im zeitigen Frühjahr

Notonecta glauca

Gemeiner Rückenschwimmer

Das Insekt schwimmt tatsächlich auf dem Rücken und steigt zum Atemholen an die Wasseroberfläche. Die Luft wird durch Atemöffnungen, sogenannte Stigmen, am Hinterleibsende aufgenommen. Die langen Hinterbeine dienen zum Rudern. Nach dem Trocknen der Flügel vermögen Rükkenschwimmer vom Ufer aus zu Überlandflügen zu starten. Die Weibchen legen im Juni die Eier an Wasserpflanzen ab, die Larven gleichen bereits dem fertigen Insekt, das im Hochsommer ausschlüpft. Anders als der Wasserläufer überwintert es im Gewässer.

Merkmale: der Rücken ist hellweißlich, die Bauchseite schwarz-behaart und dient als Luftpolster; Körperlänge: 13–16 mm

Nahrung: räuberische Lebensweise, Ernährung von Kaulquappen und kleineren Wassertieren;

Eintagsfliege

Köcherfliege

Stiche von Rückenschwimmern sind für Menschen schmerzhaft

Verbreitung: häufig in pflanzenreichen und sauerstoffhaltigen, stehenden Gewässern. Als gute Flieger landen sie auch im Gartenteich.

Eintagsfliegen

Es existieren zahlreiche Arten, die nur vom Fachmann zu unterscheiden sind. Das Auftreten der einzelnen Arten ist abhängig vom jeweiligen Gewässertyp.

Cloëon spec.
Eintagsfliege

Die im Wasser lebenden Larven ähneln bereits dem Vollinsekt. Sie bewegen sich mittels ihrer Schwanzborsten schwimmend fort. Die Larven brauchen etwa ein Jahr bis zum fertigen Insekt. Die Atmung erfolgt mittels Tracheenkiemen.
Das Männchen lebt tatsächlich nur einen Tag. An warmen Sommerabenden kann man dichte Schwärme männlicher Tiere beobachten. Sie umtanzen ein Weibchen und fallen nach dem Hochzeitsflug tot zu Boden. Die Weibchen leben etwa zwei bis drei Wochen, ihre Eier legen sie am Wasserspiegel ab.

Merkmale: zarter, graubrauner Leib; der schlankere Hinterleib hat 3 lange, fadenförmige Schwanzborsten (im Unterschied zur Steinfliege mit 2 Schwanzborsten); 2 Paare glasheller Flügel; Körperlänge: 15–20 mm

Nahrung: die Larven ernähren sich vom Algenbelag auf Steinen und Pflanzen sowie von winzigen Teilchen organischer Stoffe; das erwachsene Insekt lebt ohne Nahrung

Verbreitung: in stehenden, pflanzenreichen Gewässern, in Tümpeln und Teichen verbreitet; andere Gattungen nur in Fließgewässern

Köcherfliegen

Die Ordnung Trichoptera, wie die Köcherfliegen mit wissenschaftlichem Namen heißen, umfaßt 15 Familien mit ca. 6000 Arten. Die genaue Identifizierung ist also nur etwas für Experten.

Phryganea, Silo u. a.
Köcherfliege

Ihre gelbgrünen Eier legt die Köcherfliege in Gallertkugeln am Uferrand ab. Die raupenförmigen Larven sind durch einen aus einem Gespinst gebildeten »Köcher« geschützt. Diese sind im Material dem jeweiligen Gewässer angepaßt und können aus Pflanzenteilen, Steinchen, Sand oder winzigen Schneckenhäusern bestehen.

Wir fanden in unserem Teich bereits im zweiten Jahr solche mit Pflanzenröhrchen bestückten Gehäuse der Köcherfliegenlarve. Die Larven atmen durch kleine Körperanhänge, die sogenannten Tracheenkiemen. Mit der Verpuppung wird der Köcher am Ende verschlossen.
Das Insekt fliegt in der Abenddämmerung, tagsüber bleibt es versteckt unter Blättern der Ufervegetation.

Merkmale: fertige Tiere gleichen Motten, sie sind unansehnlich graubraun; Flügel behaart und in Ruhestellung dachförmig zusammengeklappt; auffallend sind die langen, dünnen Fühler; Körperlänge: 15–25 mm, je nach Art

Flugzeit: Juni bis August

Nahrung: Larven leben von Algen, Pflanzenteilchen und Mulm, die Köcherfliege von flüssigem Nektar

Verbreitung: je nach Art Spezialisierung auf stehende oder fließende Gewässer; ihr Vorkommen weist auf gesundes Wasser hin

Mücken

Mücken gehören zur Ordnung der Zweiflügler. Sie bilden eine sehr artenreiche Unterordnung. Kennzeichnend ist unter anderem, daß die Larven und Puppen im Wasser leben. Die fertigen Tiere haben einen schlanken Körper, fadenförmige dichtgefiederte Fühler und lange Beine.

Chironomus spec.

Zuckmücke

Das Insekt ähnelt der Stechmücke, ist aber für Mensch und Tier ungefährlich.

Merkmale: Männchen mit dichtgefiederten, zuckenden Fühlern, Weibchen mit fadenförmigen Fühlern; Körperlänge: 2–12 mm, je nach Art;
Larve wurmartig, gegliedert, weißgelb bis blutrot; sie bewegt sich zuckend und schlängelnd im sauerstoffarmen Bodenschlamm fort

Fliegenlarve in einem Köcher aus Pflanzenmaterial

Zuckmücke (Weibchen)

Nahrung: Larven leben von abgestorbenen Algen und Mulm, das Insekt von Blütensaft; Zuckmückenlarven bilden Nahrungsgrundlage für viele Wassertiere

Verbreitung: massenhaftes Auftreten in allen Gewässern

Schwimm- und Wasserkäfer

In pflanzenreichen Teichen und Tümpeln finden sich zahlreiche Käferarten, die sich, zumindest zeitweise, im Wasser aufhalten. Nach Körperform und Lebensweise unterscheidet man Schwimm- und Wasserkäfer.

Schwimmkäfer (Dytiscidae)
Zu den Schwimmkäfern zählen dem Wasser angepaßte, luftatmende Insekten mit abgeflachtem Körper. Sie sind gute Schwimmer, die sich durch gleichzeitiges Rückwärtsstoßen der kräftigen Hinterbeine rasch fortbewegen. Auf der Suche nach Laichgewässern überfliegen sie weite Strecken. Die Larven kriechen am Teichgrund, der fertige Käfer lebt vorwiegend im Wasser, zum Luftholen erscheint er zeitweise an der Wasser-

Kolbenwasserkäfer

Gelbrandkäfer, einen Molch fressend

Auch die Gelbrandkäferlarve ist sehr gefräßig

oberfläche. Sowohl Eier und Larven als auch die fertigen Tiere überwintern am Gewässergrund. Zu den Schwimmkäfern gehören der gefräßige Gelbrandkäfer, der ihm ähnliche Gaukler und der wesentlich kleinere Furchenschwimmer. Sie sind gefährliche Räuber, stets auf der Jagd nach anderen Wassertieren.

Wasserkäfer (Hydrophilidae)

Wasserkäfer sind plumpe, langsame Schwimmer mit hochgewölbtem Rücken. Sie gehören ebenfalls zu den Luftatmern. Ein wesentlicher Luftvorrat haftet an der Brust und an den Hinterbeinen. Gelegentlich kommen sie zum Atemholen an die Wasseroberfläche. Die meisten Wasserkäferarten leben von Pflanzen, ihre Larven dagegen von Wassertieren. Zu den Wasserkäfern zählen der auf der Wasseroberfläche kreisende Taumelkäfer und der naturgeschützte Kolbenwasserkäfer.

Dytiscus marginalis

Gelbrandkäfer

Die Gelbrandkäfer unternehmen von ihren natürlichen Standorten aus größere Überlandflüge und landen so auch im Gartenteich. Nachbarn, die uns aus ihrem Swimmingpool einige fette Exemplare mitbrachten, waren zunächst sprachlos, als wir das gutgemeinte Präsent ablehnten. Während Gelbrandkäfer wegen ihres räuberischen Verhaltens in kleinen Teichen gefährlich werden und herausgefischt werden sollten, können sie in größeren Gewässern eine gewisse ökologische Aufgabe als Gesundheitspolizei erfüllen.
Entsprechend seiner Zugehörigkeit zu den Schwimmkäfern handelt es sich beim Gelbrandkäfer um einen sehr guten Schwimmer, der zum Atemholen an die Wasseroberfläche kommt. Die Eiablage erfolgt mittels eines Legestachels an Wasserpflanzen. Die Larve entwickelt sich in zwei Monaten zum fertigen Käfer.

Merkmale: Rücken dunkelolivgrün mit schmalem, gelben Rand, Bauch gelb; Körperlänge: 30–35 mm, Larven: 50–60 mm
Nahrung: Larve und Käfer sind gefährliche Räuber, sie ernähren sich von kleineren Wassertieren wie Kaulquappen, ergreifen aber auch kleine Lurche und Fische; die Larve spritzt mittels des dolchartigen Oberkiefers Verdauungssaft in das Opfer und saugt es dann aus
Verbreitung: stehende und langsam fließende, pflanzenreiche Gewässer

Libellen

Libellen zählen zu den schönsten heimischen Insekten. An sonnigen Tagen kann man sich ihrer Flugkünste erfreuen, wenn sie auch abseits der Laichgewässer über Wiesen und Waldlichtungen der Beute nachjagen. Manche Arten sind spezialisiert auf bestimmte Gewässer, zum Beispiel auf Moor- und Heidetümpel oder Quellbäche. Andere Arten sind vom Vorkommen bestimmter Wasserpflanzen abhängig. So legt die grüne Mosaikjungfer *(Aeschna viridis)* ihre Eier vorzugsweise an der Wasseraloe ab. In unserem pflanzenreichen Gartenteich hatte sich bereits im ersten Jahr nach der Anlage eine Vielzahl von Libellenarten eingestellt.
Libellenlarven leben im Wasser, sie nehmen Sauerstoff durch Kiemen auf. Wegen ihrer Gefräßigkeit können sie dem Nachwuchs vieler Wassertiere gefährlich werden, zumal natürliche Feinde der Libellen fehlen.
In Mitteleuropa gibt es rund 80 Libellenarten. Man unterscheidet zwei Gruppen:

- Kleinlibellen oder Schlankjungfern
- Großlibellen oder Drachenflieger

Kleinlibellen

Hierzu gehören kleine bis mittelgroße, schlanke Tiere, deren Vorder- und Hinterflügel fast gleich sind. In Ruhestellung bleiben die Flügel über dem

Die Grüne Mosaikjungfer legt ihre Eier am liebsten an der Wasseraloe (Krebsschere) ab

Wegen ihrer Gefräßigkeit können die Libellenlarven anderen Wassertieren gefährlich werden

Azurjungfer bei der Eiablage

Rücken gefaltet. Die Flugbewegung ist flatternd. Die Augen haben einen größeren Abstand als bei den Großlibellen. Die ebenfalls schlanken Larven schwimmen zwischen Wasserpflanzen. Der Hinterleib hat drei schmale blattartige Anhängsel, mit denen diese Libellen rudern und steuern.

Coenagrion puella
Azurjungfer

Die Eiablage erfolgt bei dieser Art über dem Wasser. Die Larve wird ein halbes bis ein Jahr alt und überwintert am Teichgrund.

Merkmale: schlanker Körper mit einer für die jeweilige Art typischen, schwarzen Zeichnung auf dem Hinterleib; Männchen: hellblau, Weibchen: gelbgrün; Körperlänge: 35 mm
Flugzeit: Mai bis September

Männchen und Weibchen der Großen Pechlibelle bilden ein Paarungsrad

Nahrung: die Larve lebt von Planktontierchen, das Insekt von Kleininsekten wie Mücken
Verbreitung: häufig an pflanzenreichen Gewässern und Feuchtwiesen

Weitere Kleinlibellen am Teich:

- *Pyrrhosoma nymphula* (Frühe Adonislibelle); Männchen und Weibchen rotbraun; das Männchen steht während des Fluges senkrecht auf dem Nacken des eiablegenden Weibchens; Flugzeit: Ende April bis Anfang August
- *Ischnura elegans* (Große Pechlibelle); Hinterleib schwarz mit hellblauem Ring am Ende; Weibchen mit türkis- bis violettfarbener Brustfärbung; das Männchen hält während der Paarung das Weibchen mit seinen Hinterleibsanhängen fest, es entsteht ein sogenanntes Paarungsrad; Flugzeit: Mai bis September

Großlibellen

Sie sind mittelgroß bis groß, die Hinterflügel an der Basis verbreitert. Die Flügelpaare werden stets ausgebreitet gehalten. Der Flug ist schnell und elegant; der halbkugelige Kopf trägt fast zusammenstoßende Facettenaugen.
Die Begattung erfolgt beim Fliegen. Nach dem Hochzeitsflug werden die Eier über dem Gewässer oder am Ufer abgelegt. Die großen, plumpen Larven bewegen sich am Gewässergrund. Sie verfügen über sogenannte Fangmasken am Kopfe, mit denen sie ihre Beute ergreifen. Die Larven überwintern im Bodenschlamm. Die Entwicklung der Larve zum Vollinsekt dauert je nach Art einige Monate bis zu mehreren Jahren.

Anax imperator
Große Königslibelle

Die Königslibelle ist ein sehr gewandter Flieger. Das ortsstete Männchen verteidigt seinen Teichraum. So fanden wir eines Tages rund ein Dutzend Flügel getöteter Artgenossen.
Die Eiablage erfolgt an feuchten Uferstellen. Es bedarf mehrerer Häutungen und dauert etwa ein Jahr, bis die Larve entwickelt ist. Die fertige Larve kriecht dann an warmen Abenden oder in den frühen Morgenstunden an Stengeln von Überwasserpflanzen hoch. Das noch farblose Vollinsekt schlüpft aus, nach ein bis zwei Stunden breitet es die Flügel aus und steigt in die Luft.

Merkmale: größte heimische Art aus der Familie der Edellibellen (Aeschnidae); Männchen: leuchtend blauer Hinterleib, braunrote Zeichnung; Weibchen: blaugrüner Hinterleib, rotbraune Zeichnung; Körperlänge: bis 54 mm
Flugzeit: Mai bis September
Nahrung: die gefräßige, ca. 6 cm lange, blaugrüne Larve erbeutet mit Hilfe einer »Fangmaske« nicht nur Wasserinsekten, Würmer und Kaulquappen, wir haben auch getötete Jungmolche gesehen. Das erwachsene Insekt vertilgt im Flug Mücken, Wespen, Fliegen, Käfer, Schmetterlinge und greift auch Artgenossen an
Verbreitung: pflanzenreiche, stehende Gewässer, entfernt sich oft weit vom Wasser

Die Große Königslibelle verfügt über beachtliche Flugkünste

Libellula depressa
Plattbauch

Als Ausgangspunkt für die Jagd auf Kleininsekten bevorzugt der Plattbauch die spitzen Knospen von Wasserstauden, wie sie zum Beispiel die *Iris* aufweist.
Die Larve hat einen plumpen, schmutzig-graubraunen, vom Schlamm bedeckten Körper. Die Eiablage erfolgt im Fluge über dem Wasserspiegel. Die Larve lebt dann elf Monate am Grunde des Teiches, bis sie an warmen Tagen am Pflanzenstengel emporklettert, um sich als Vollinsekt in die Luft zu schwingen.

Merkmale: Vollinsekt mit breitem, plattgedrücktem Körper; Männchen: blaubereifter Hinterleib mit gelben Flecken; Weibchen: gelbbrauner, flacher Hinterleib; alle 4 Flügel zeigen dunkelbraune Flecken an der Flügelwurzel; Körperlänge: 30–40 mm
Flugzeit: Ende Mai bis Anfang August
Nahrung: die Larve lebt von kleinen Wassertieren und Kaulquappen, das Insekt erbeutet im Flug Fliegen und Mücken, aber auch größere Tiere wie Käfer und Schmetterlinge
Verbreitung: pflanzenreiche Kleingewässer mit einer stauden- und buschreichen Umgebung, zeitweise auch im Bodenschlamm ausgetrockneter Tümpel

Wasserschnecken

Man unterscheidet zwischen dauernd unter Wasser lebenden Schnecken mit Kiemenatmung und deckellosen Schnecken mit Lungenatmung (Süßwasserlungenschnecken).
Zu den Lungenschnecken zählen Schlammschnecken, Tellerschnecken und Napfschnecken; sie leben in pflanzenreichen Gewässern. Lungenschnecken sind Zwitter mit männlichen und weiblichen Geschlechtsorganen. Eigenart der lungenatmenden Wasserschnecken ist das zeitweise Auftauchen zur Wasseroberfläche, um Luft zu holen. Im Gartenteich sind vor allem die Posthornschnecke und die Sumpfdeckelschnecke

Plattbauchlibelle

nützlich, da sie sowohl die lästigen Blau- und Grünalgen dezimieren als auch tote organische Reste vertilgen. Dagegen sollte die Große Schlammschnecke zumindest nicht überhandnehmen, da sie auch Blätter von Wasserpflanzen anfrißt.

Lymnaea stagnalis
Große Schlammschnecke, Spitzhornschnecke

Aus den unzähligen Eiern dieser Art schlüpfen fertig ausgebildete Schnecken. Beim Kauf einiger Posthornschnecken erhielten wir auch eine einzige Schlammschnecke. Innerhalb weniger Wochen zeigten sich über hundert Nachkommen, die bald Löcher in die Seerosenblätter fraßen. Wir haben sie in Fischteichen wieder ausgesetzt. Die anfängliche Massenvermehrung ließ in den kommenden Jahren ohne eigenes Zutun nach, es gab keine Schäden mehr. Schlammschnecken eignen sich, trotz des Algenverzehrs, nur für größere Teiche. Sie überwintern im Bodenschlamm des Teichgrundes.

Merkmale: länglicher, gallertiger Laich an der Unterseite von Steinen und untergetauchten Blättern; hornfarbiges, bauchiges Gehäuse mit 6 bis 8 Umgängen, in Windungen spitz zulaufend; Höhe des Gehäuses: 50–60 mm, Durchmesser: 20–30 mm
Nahrung: Algen, faulende Pflanzenteile und Blätter
Verbreitung: heimisch in stehenden und langsam fließenden Gewässern mit reichlichem Pflanzenwuchs

Die Große Schlammschnecke ist ein fleißiger Algenverzehrer

Posthornschnecke

Planorbarius corneus

Posthornschnecke, Große Tellerschnecke

Aus den Eiern schlüpfen fertige, kleine Schnekken, die vorwiegend am Teichgrund leben. Zum Luftholen kommen sie an die Wasseroberfläche. In sauerstoffreichem Wasser mit Unterwasserpflanzen vermögen sie im Schlamm zu überwintern.

Merkmale: von einer Gallertschicht überzogener, kreisrunder Laich, der nur 5 bis 30 Eier enthält; er findet sich meist auf der Blattunterseite oder unter Steinen und Holzstücken; olivrotbraunes, flaches Gehäuse, das – wie der Name schon sagt – einem Posthorn ähnelt; Höhe des Gehäuses: 5 mm, Durchmesser: 30 mm; einzelne Tiere zeigen Rotfärbung durch Hämoglobin im Blut

Nahrung: Algen und faulende Pflanzenteile (Detritus, vgl. Wasserflöhe); aufgrund dieser Ernährungsweise sind Posthornschnecken im Gartenteich sehr nützlich

Verbreitung: heimisch in langsam fließenden und stehenden Gewässern mit reichlichem Pflanzenwuchs; sie meiden saure Moorgewässer

Weitere Wasserschnecken für den Gartenteich:

- Flache Tellerschnecke *(Planorbis planorbis)*; braun-hornfarbig
- Sumpfdeckelschnecke *(Viviparus viviparus)*; grünbraunes Gehäuse

Amphibien (Lurche)

Molche

Molche zählen zu den sogenannten Schwanzlurchen. Sie behalten während ihrer Entwicklung die ursprüngliche längliche Körperform. Die Atmung erfolgt über die Lunge und über die dünne Haut, in der Jugend (als Kaulquappe) über die Kiemen. Farbzellen verändern das Aussehen, Schleimdrüsen schützen vor dem Austrocknen, und Giftdrüsen wehren Feinde ab.

Wie alle Amphibien sind Molche gegen Trockenheit und hohe Wassertemperaturen empfindlich. Sie beanspruchen tiefere, klare und kühle, pflanzenreiche Gewässer. Die optimale Wassertemperatur liegt tagsüber bei 18° C. Der Teich sollte deshalb in den Mittagsstunden teilweise beschattet sein und eine ungestörte, schattige Umgebung aufweisen, da Molche sich überwiegend an Land aufhalten. Im eigenen Teich konnten wir beobachten, daß die Molche die kühleren Wasserzonen bevorzugten; denn zwischen flachen, besonnten Zonen und tieferen, beschatteten bestehen wesentliche Temperaturunterschiede.

Teichmolch

Nahrung
Jungmolche leben von Schwebstoffen des Planktons, von Wasserflöhen, kleinsten Wassertierchen und Mückenlarven. Erwachsene Tiere machen auf nächtlichen Streifzügen Jagd auf Insektenlarven, Asseln, Spinnen, Nacktschnecken.

Entwicklung
März: Im zeitigen Frühjahr begeben sich die Molche aus den Winterverstecken in ihr angestammtes Laichgewässer, sobald dieses eisfrei ist. Als Lungenatmer tauchen sie zum Luftholen periodisch zur Wasseroberfläche auf.

April bis Mai: Die farbenprächtigen Tiere machen Hochzeit. Ihre elegant-tänzendeln Bewegungen kann man in der pflanzenfreien Flachwasserzone des Gartenteiches gut beobachten. Sie bevorzugen größere Kieselsteine, um sich dazwischen zu verstecken und auf Beute zu lauern.

Laichzeit: Die Eiablage erfolgt an Stengeln und Blättern von Wasserpflanzen. Die Laichballen mit den dottergelben Eiern sind durch eine Gallerthülle geschützt. Nach 14 Tagen schlüpfen gelbbraune Larven aus. Diese durchsichtigen Kaulquappen tragen am Kopf Kiemenbüschel.

Juni: Nun vollzieht sich die Metamorphose: Nach drei bis vier Wochen verwandelt sich der kiementragende Jungmolch allmählich in ein Landtier mit Lungen- und Hautatmung.

Bergmolch

Juli: Ältere Tiere verlassen zunächst nur zeitweise das Gewässer zur nächtlichen Nahrungssuche in der Umgebung des Teiches.

August bis September: Die Altmolche gehen endgültig an Land und verstecken sich in der näheren Umgebung in Hecken, unter Moos und Baumwurzeln.

Winter: Altmolche überwintern schließlich in Erdhöhlen, in Winterstarre verharrend. Jüngere Tiere, vor allem Teichmolche, verbleiben auch im Bodenschlamm des Teichgrundes.

Triturus vulgaris
Teichmolch

Der bekannte Teichmolch ist der kleinste unter den Molchen. Die schlanke Gestalt und die feinkörnige bis glatte Haut findet sich bei Männchen und Weibchen gleichermaßen.

Merkmale der Geschlechter:
Männchen: oberseits hell-olivbraun mit schwarzen Flecken, unterseits hell, weißlicher Rand; zur Hochzeit hoher, gewellter Rückenkamm bis zum Schwanzende, Schwanzsaum unten orange-bläulich; Körperlänge: 10 cm
Weibchen: oberseits lehmfarben mit dunklen Flecken, unterseits gelborange, dunkel gefleckt, kein Rückenkamm, legt ca. 250 Eier an Wasserpflanzen ab; Körperlänge: 9 cm

Laichzeit: März bis Mai

Verbreitung: Ebene und Hügelland, im Bergland bis 1000 m Höhe; lebt in Tümpeln und Teichen mit reichlichem Pflanzenwuchs

Kammolch

Fadenmolch: das dunkle Schwanzende ist fadenförmig ausgebildet

Triturus alpestris

Bergmolch

Der Bergmolch ist von gedrungener Gestalt. Männchen wie Weibchen weisen eine auffällige, hübsche Zeichnung auf der Bauchunterseite auf.

Merkmale der Geschlechter:
Männchen: oberseits schiefergrau mit hellblauem Längsstreifen, unterseits orange; zur Hochzeit schwarzgelb getüpfelter Rücken und Längsstreifen; Körperlänge: 8 cm
Weibchen: oberseits graublau, dunkel marmoriert, unterseits orange, ohne Rückensaum; Körperlänge: bis 11 cm
Laichzeit: Mai bis Juni
Verbreitung: waldreiches Hügel- und Bergland, in den Alpen bis 3000 m Höhe, in stehenden und fließenden Gewässern, in Tümpeln, Teichen und Gräben

Triturus cristatus

Kammolch

Der Kammolch, die größte Molchart, hat weiche, körnige Haut und einen charakteristischen gezackten Rückenkamm, der vom Schwanzsaum durch einen tiefen Einschnitt getrennt ist.

Merkmale der Geschlechter:
Männchen: oberseits schwarzbraun bis oliv, unterseits gelbrot; Körperlänge: 14 cm
Weibchen: oberseits schwarzbraun, unterseits gelbrot mit schwarzen Flecken; Körperlänge: 16 cm
Laichzeit: März bis Juni, geht nach dem Laichen an Land
Verbreitung: bewaldetes Hügel- und Bergland bis 600 m Höhe, in Weihern, Teichen, Kies- und Lehmtümpeln; nach der Roten Liste (1983) besonders stark gefährdete Molchart

Triturus helveticus

Fadenmolch

Der Fadenmolch mit dem typischen fadenförmigen Schwanzende und seinem dunklen Augenstreif ist nur im höheren Bergland verbreitet. Auch er zählt zu den heimischen Molchen und gehört zu den geschützten Tierarten.

Frösche

Im Gegensatz zu den Molchen sind Frösche und Kröten schwanzlose Lurche; denn bereits als Kaulquappen stoßen sie den Schwanz ab. Bei uns heimisch sind der Braune Grasfrosch, der Grüne Teichfrosch, der Moorfrosch und der selten gewordene Laubfrosch.
Grasfrösche bevorzugen sonnige, reichlich mit Pflanzen bewachsene Gewässer mit schattigen Verstecken am Uferrand, Teichfrösche fühlen sich an größeren, kühlen Gewässern wohl. Teich- und Grasfrösche sind ortsstet. Wird es jedoch im Garten zu unruhig, wandern sie zu Teichen in der näheren Umgebung ab.

Nahrung

Die Kaulquappen leben von pflanzenreicher Nahrung des Planktons und von Algen. Der fertige Frosch frißt außer Schnecken, Würmern, Fliegen, Spinnen und Raupen auch die eigenen Kaulquappen.

Entwicklung

März: Bereits zu Anfang des Monats wandern die ersten Grasfrösche aus den Winterverstecken zu ihren Laichplätzen.
April: Mitte April folgen die Teichfrösche.
Laichzeit: Die Eiablage erfolgt im Wasser. Unter dem Schutz einer Gallertschicht werden sie in Klumpen an Wasserpflanzen geheftet oder schwimmen an der Wasseroberfläche. Nach zehn Tagen entschlüpfen winzige Larven mit Ruderschwänzen, die bekannten Kaulquappen. Sie saugen sich an Wasserpflanzen fest oder schwimmen frei im Wasser. Ein Weibchen legt mehrere Tausend Eier. Die meisten Eier und Kaulquappen werden rasch von natürlichen Feinden verzehrt.
Mai: Zu Beginn der Metamorphose erfolgt die Atmung bei den Kaulquappen durch federartige Kiemen hinter dem Kopf. Bald tritt an ihre Stelle im Innern die Lunge. Es bilden sich Hinter- und Vorderbeine, der Schwanz wird abgestoßen.
Juni bis August: Nach zwei bis drei Monaten hat sich der fertige Frosch entwickelt. Der Teichfrosch verbringt den Sommer im feuchten Umland, unter Hecken und Moospolstern.

Rana temporaria

Brauner Grasfrosch

Grasfrösche erschienen bereits im ersten Jahr in unserem Teich und sind seitdem mit mehreren Exemplaren vertreten. Im Gegensatz zu den Teichfröschen bleiben Grasfrösche nur über die Laichzeit im Wasser. Man findet sie im Sommer überall im Gartenbereich, zum Beispiel unter Hecken und zwischen Stauden. Sie überwintern am Teichgrund oder in Erdhöhlen am Ufer.

Merkmale: unscheinbar erdfarben-braun, stumpfer Kopf, schwarzer, rautenförmiger Fleck hinter den Augen; ein zutraulicher, ruhiger, sehr gefräßiger Teichbewohner, kleiner als der Teichfrosch
Männchen: Rücken graubraun bis hellbraun, wechselnde Tarnfarbe; besitzt 2 innere Schallblasen, die ab einem Alter von ca. 14 Monaten in Funktion treten; es ertönt jedoch nur ein knurrendes Geräusch; Körperlänge: 7–10 cm
Weibchen: Rücken braungelb, wechselnde Färbung, Bauchseite weißlich mit dunklen Flecken; Körperlänge: 10 cm
Verbreitung: in Tümpeln, Teichen und Weihern, auf Feuchtwiesen und in Gärten

Rana esculenta

Grüner Teichfrosch

Der Teichfrosch ist ein guter Schwimmer, schreckhaft und scheu, im Alter zutraulicher. Im Mai bis Juni ertönt das laute, nächtliche Gequake über mehrere Wochen. Die Eiablage erfolgt in Form großer Gallertkugeln.
Bis vor einigen Jahren war der Grüne Teichfrosch in unserer Siedlung noch zahlreich vorhanden. Nachdem fast sämtliche Gewässer in der umgebenden Flur trockengelegt wurden, wanderte er in die Gartenteiche ab. Im Sommer 1986 wurden dann jedoch die meisten Teichfrösche durch wildernde Katzen getötet.

Merkmale: spitzerer Kopf und schlankerer, größerer Körper als der Grasfrosch

Grasfrösche im Laichgewässer

Grasfrosch

Grüner Teichfrosch

Laubfrosch beim Rufen

Männchen: Rücken hell- bis dunkelgrün mit schwarzen Flecken, Bauchseite weißlich mit dunklen Flecken; an beiden Seiten des Kopfes große, weißliche Schallblasen; Körperlänge: 8–10 cm (bis 12 cm)

Weibchen: Rücken hell- bis dunkelgrün, Bauchseite grauweiß gefleckt; Körperlänge: 9–10 cm

Verbreitung: kleinere und größere Gewässer mit reichlichem Pflanzenwuchs; überwintert in nahen Erdhöhlen oder im Teichgrund

Hyla arborea

Laubfrosch

Laubfrösche können mit Hilfe von Haftscheiben an den Zehen spitze Gehölze und Stauden erklettern. Die Männchen machen sich zur Laichzeit (Mai bis Juni) mit durchdringendem, ratschenähnlichem Rufen und Sägen bis in die späten Nachtstunden bemerkbar.

Im eigenen Garten hatten wir die mittlerweile gefährdete Froschart seit einem Jahrzehnt nicht mehr gesichtet; doch dann tauchten im Frühjahr 1987 plötzlich wieder Laubfrösche am Teich auf. Das nächtliche Konzert kann allerdings in eng bebauten Siedlungen mit kritischen Nachbarn zum Problem werden. Unsere Nachbarn hingegen waren erfreut, daß sich nach Jahren des »Stummen Frühlings« wieder etwas rührte.

Merkmale: kleinste heimische Froschart, guter Kletterer

Männchen: oberseits laubgrün (wechselnd), unterseits weiß; große Schallblase an der Kehle, dunkler Flankenstreif; Körperlänge: 5 cm

Weibchen: dem Männchen ähnlich, jedoch ohne Schallblase, kommt nur zur Paarung und Eiablage ins Wasser; walnußgroßer Laich, entwickelt sich in 3 Monaten von der Kaulquappe zum fertigen Frosch

Verbreitung: örtlich noch verbreitet in pflanzenreichen Gewässern, Feuchtwiesen und an Waldrändern; heute besonders gefährdet durch Vernichtung der Lebensräume und Fang für Terrarienhaltung

Kröten

Wo pflanzenreiche Gewässer, Feuchtwiesen und Hecken noch zum Landschaftsbild gehören, kann man meist auch Kröten entdecken. Sie gehören wie die Frösche zu den schwanzlosen Lurchen. Der Körper ist plump, die Haut warzig. Die kürzeren Hinterbeine haben Schwimmhäute zwischen den Zehen. Als Lockruf verursachen die Männchen ein knurrendes Geräusch. Bei Gefahr sondern sie aus ihren Ohrdrüsen ein milchiges Sekret ab, das die Schleimhäute unserer Augen reizt – daher nicht berühren!

Nahrung

Auf dem Speiseplan stehen Schnecken, Würmer, Insekten und Raupen. Kröten sind nützliche Schädlingsvertilger!

Entwicklung

März: Bereits Mitte des Monats verlassen Kröten ihr Winterquartier, das sich in Erdhöhlen, unter Moos und Baumwurzeln oder auch in Verstecken am Haus befindet.

April: Kröten sind ortsstet, sie suchen immer dasselbe Laichgewässer auf. Der Hochzeitsmarsch kann sich über mehrere Kilometer erstrecken. Die Eiablage erfolgt zwischen Pflanzen in oft meterlangen Schnüren.

Mai: Nach 14 Tagen erscheinen die ersten schwärzlichen Kaulquappen, sie leben in der flachen Uferzone. Die meisten Eier und Kaulquappen werden von Insektenlarven und Lurchen verzehrt. Wir haben deshalb neben dem Teich ein kleines Wasserbecken, in dem wir einen Teil des Nachwuchses vor natürlichen Feinden schützen.

Juni bis August: Nach zwei bis drei Monaten verlassen die fertigen kleinen Kröten den Teich. Tagsüber leben sie versteckt unter Büschen und Hecken, nachts gehen sie auf Jagd im Umland des Gewässers.

Winter: Kröten überwintern in Kältestarre, nachdem sie sich in Erdhöhlen des Waldes oder unter Moos, Reisighaufen und Steinen im Garten verkrochen haben. Unsere Kröten hatten ihr Quartier, fast plattgedrückt, unter Steinplatten der Gartenterrasse gefunden.

Die Eiablage erfolgt in Form von Laichschnüren

Erdkröte

Bufo bufo

Erdkröte

Erdkröten waren früher sehr verbreitet, heute sind sie durch Trockenlegen von Kleingewässern und Wiesen, aber auch durch das verbreitete Anwenden von Schädlingsbekämpfungsmitteln und den zunehmenden Straßenverkehr im Bestand gefährdet.

Interessant ist die Verteilung der Geschlechterrollen beim Aufsuchen der Laichplätze: Das kräftigere Weibchen trägt das Männchen über weite Strecken auf seinem Rücken vom Winterquartier zum Laichgewässer. Auch dort bleibt das Männchen noch einige Tage auf dem Weibchen sitzen, das erst nach dem Ablaichen die Bürde los wird.

Rufende Kreuzkröte

Knoblauchkröte

Auch Blindschleichen stellen sich am Teichufer ein

Merkmale: gedrungener Körper, lederartige Haut, die mit warzenähnlichen Verdickungen übersät ist; zwischen den Zehen befinden sich Schwimmhäute; an meterlangen Schnüren werden bis zu 6000 Eier aufgereiht; größte heimische Kröte
Männchen: Rücken hellbraun bis grünbraun mit dunkelbraunen Punkten, Bauchseite grauweiß. Die Männchen machen sich zur Laichzeit durch Knurren bemerkbar; Körperlänge: 8 cm
Weibchen: Rücken hellbraun, Bauchseite weißlich gefleckt; Körperlänge: 11–15 cm

Verbreitung: zur Laichzeit in pflanzenreichen Gewässern, im Sommer in Hecken und Waldlichtungen, auf Feuchtwiesen; Überwinterung in Erdhöhlen

Weitere Krötenarten, die örtlich noch verbreitet auftreten:

- Kreuzkröte *(Bufo calamita)*; im Unterschied zur Erdkröte grünbraun mit dunklen Flecken, die Männchen zeigen ein schwefelgelbes Längsband von der Maulspitze über den Rücken; bevorzugt sandige Plätze
- Knoblauchkröte *(Pelobates fuscus)*; mit roten Warzen und braunen Flecken; die Pupille steht senkrecht; verbreitet in Sandgebieten
- Wechselkröte *(Bufo viridis)*; ähnelt der Erdkröte, weist große, grüne Flecken auf
- Geburtshelferkröte *(Alytes obstetricans)*; eine kleine Krötenart mit senkrechter Pupille und heller Stimme

Reptilien (Kriechtiere)

Reptilien sind zwar wie die Amphibien wechselwarme Tiere, deren Körpertemperatur von der Umgebung abhängt, als reine Landtiere verfügen sie jedoch während ihres ganzen Lebens über Lungenatmung, da das Larvenstadium im Wasser fehlt. Zum Schutz gegen Trockenheit ist die Haut der Reptilien verhornt.

Zu den heimischen Reptilien zählen Ringelnatter und Blindschleiche, Wasserschildkröte und Eidechse. In freier Natur halten sie sich bevorzugt in der Nähe von Gewässern, an sonnigen Waldrändern, in Steinbrüchen und Bruchsteinmauern auf. Die heute stark gefährdeten Reptilien findet man kaum noch in unseren Gärten. Ringelnattern und Blindschleichen können sich nur in verwilderten Gärten mit naturnaher Umgebung halten. Bei einem gelegentlichen Teichbesuch machen Ringelnattern Jagd auf Frösche und Molche, Blindschleichen begnügen sich dabei mit Regenwürmern und Nacktschnecken. Wasserschildkröten werden heute aus Balkanländern oder aus Amerika eingeführt. Für Gartenteiche sind diese Fremdlinge ungeeignet: Sie würden bald alles verzehren und dann abwandern.

In unserem Garten hat sich nur die örtlich an Waldrändern lebende Zauneidechse eingefunden. Wir haben für sie einen frostsicheren, ca. 0,5 m tiefen Unterschlupf in Teichnähe geschaffen.

Lacerta agilis
Zauneidechse

Anfang April verlassen Eidechsen die frostfreien, etwa einen halben Meter tiefen Erdhöhlen, die ihnen als Winterquartier dienen. Im Juni legen die Weibchen pergamentschalige Eier in Erdmulden; zwei Monate später schlüpfen die Jungtiere.

Merkmale: Männchen mit rotbraunem Rücken, im Frühling grün, regelmäßige Schuppen, Bauchseite grünlich; bei den Weibchen ist der Rücken ebenfalls rotbraun, die Bauchseite jedoch gelblich und dunkel gepunktet; Körperlänge (beide): 18–32 cm

Nahrung: Insekten, Würmer, Schnecken; zur Nahrungssuche kommen Eidechsen gern ans Wasser

Verbreitung: heckenreiches Kulturland und Wildhecken, sonnig-warme Böschungen und Mauern

Weitere Eidechsen
- Grüne Smaragdeidechse, kommt nur sporadisch nördlich der Alpen vor
- Graubraune Mauereidechse, im westlichen Weinbaugebiet verbreitet

Zauneidechse

Grüne Smaragdeidechse

Vögel am Teich

Je natürlicher ein Garten gestaltet ist, je mehr Bäume und Hecken gepflanzt wurden, desto artenreicher ist auch die Tierwelt. In erster Linie wird dies sichtbar durch die Vielzahl der Vogelarten, die unter diesen Voraussetzungen zum Trinken und Insektenfang wie auch zum Baden an den Teich kommen.

Leider selten geworden: die Bachstelze

Trotz des Rückgangs an Sing- und Raubvögeln in der Feldflur finden sich in unserer hecken- und gewässerreichen Siedlung noch viele Frei- und Höhlenbrüter wie auch seltene Wintergäste ein. Neben Amsel, Drossel, Kohl-, Blau- und Sumpfmeise sind vor allem Buch- und Bergfink, Goldammer, Dompfaff, Zilpzalp, Gartenrotschwanz und Kornbeißer vertreten. Rotkehlchen, Zaunkönig und Fitis bevölkern die Hainbuchenhecke, im Nistkasten über dem Teich haust seit Jahren der Kleiber. Einige Vogelarten dagegen, wie Bachstelze und Gartengrasmücke, die wiederholt im halboffenen Nistkasten am Haus brüteten, sind in den letzten Jahren ausgeblieben. Im Winter erscheint noch der Buntspecht, während der Grünspecht verschwunden ist.

Das Umfeld des Teiches

Lebendiger Austausch

Die Blumen, Gräser, Bäume und Hecken des Gartens bilden mit der umgebenden Landschaft, den Feldern, Wäldern und Gewässern, eine Einheit. Es findet ein steter Austausch von Pflanzen und Tieren statt. Auch ein künstliches Gewässer, wie es der Gartenteich darstellt, ist abhängig von seiner näheren und weiteren Umgebung.

Rasen oder Wiese?

Aus ökologischer Sicht ist ein gepflegter Rasen weniger wertvoll als eine bunte Wiese. Er verlangt einen hohen Arbeitsaufwand für regelmäßigen Schnitt, Düngung, Bewässerung und »Unkrautbekämpfung«. Andererseits läßt sich ein Rasen jederzeit für Spiel und Sport nutzen.
Dies ist bei einer Blumenwiese kaum möglich: Häufiges Betreten wird von den wenigsten Wildblumen vertragen. Dafür wirft die bunte Wiese ihren hohen ökologischen Wert in die Waagschale. Als Lebensraum für Insekten wie Käfer, Fliegen, Bienen, Hummeln und Schmetterlinge bereichert sie den Garten, zahlreiche Vogelarten werden angelockt und finden Nahrung.
Wir haben uns für einen Kompromiß entschieden: Zwischen Teich und Wohnterrasse verbleibt Rasen, der übrige Garten wurde Wiese. Über den Frühsommer bildet unsere Margeritenwiese den Höhepunkt des Gartenerlebens. Einige vom Straßenrand verpflanzte Margeriten vermehrten sich rasch durch Selbstaussaat und Wurzelausläufer. Bereits im dritten Jahr hatten wir eine bunte Wiese aus Margeriten, Wiesenglockenblumen, Kuckuckslichtnelken, Hahnenfuß- und Kleearten. Nach dem Verblühen im Juli wird das erste Mal geschnitten, im August und Oktober folgen noch ein zweiter und dritter Schnitt. Die Margeritenblüte wird vom Flor eines Moschusmalvenbusches abgelöst, der bis zum Frost Hunderte von rosa Blüten entfaltet.

Einen lebendigen Austausch kann es nur geben, wenn auch das Teichumfeld entsprechend gestaltet wird

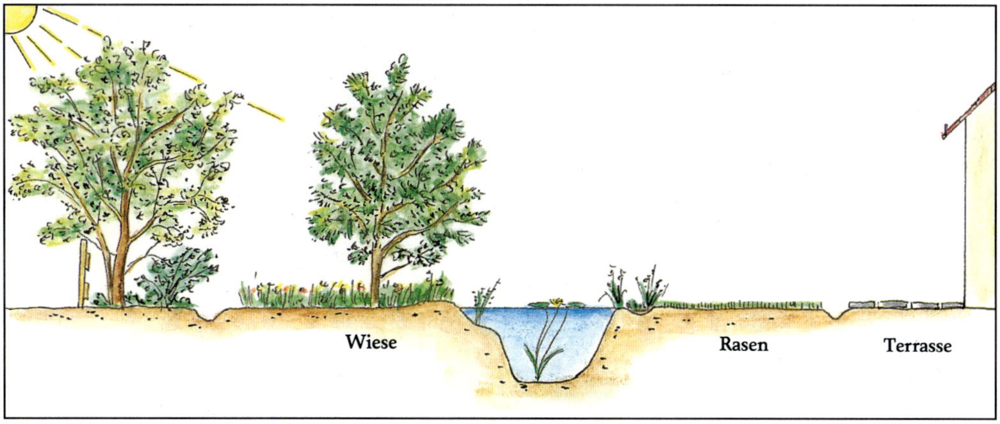

Der Rasen bietet Zugang zum Teich, Gehölze und Wiese sorgen für eine tiergerechte Umgebung

Den Teichhintergrund kann ein Wintergrüner Schneeball zieren

Gehölze am Wasser

Am Teichrand werden kleinwüchsige Sträucher wie die Azalee plaziert

Den Charakter eines Gartens bestimmen in erster Linie Menge, Anordnung und Art der frei stehenden Bäume und Büsche. Gehölze sollten, einige Meter vom Ufer entfernt, als Teichhintergrund gepflanzt werden. Eine Gefährdung der Folie durch in die Breite wachsende Wurzeln läßt sich durch senkrecht in den Boden eingelassene Bleche verhindern. Im Herbst überspannt man den Teich am besten mit einem Netz, das den Laub- und Fruchtfall fernhält.

Die Wahl der Gehölzarten hängt ab vom Standort, von der Größe des Gartens und der Größe des Teiches. Hierzu einige Hinweise:

- **Bäume** als Hintergrund für größere Teichanlagen: schmalwüchsige Heister wie die Roterle und lichtkronige Heister wie Vogelbeere, Reifweide oder frühe Traubenkirsche (Heister sind von unten, also über die ganze Stammlänge beastete Baumformen)
- **Solitärbüsche** als Hintergrund mittelgroßer Teichanlagen: Felsenbirne, Blumenhartriegel, Zaubernuß, Wintergrüner Schneeball, Hasel, Kornelkirsche und Strauchweide
- **Kleinsträucher** direkt am Teichrand: Seidelbast, Scheinhasel, Kriechweide, Vorfrühlingsalpenrose, halbimmergrüne Azalee

Einhegung des Gartens

Hecken schützen vor Wind und Wetter, sie verbessern das Kleinklima des Gartenraums und sind für zahlreiche Tierarten lebenswichtig. Heckenbrüter finden Unterschlupf, auch Amphibien halten sich zeitweise in Hecken auf, viele überwintern dort unter Laub und Moos. Hecken verbinden so auch die Gartenbiotope einer Siedlung mit dem umgebenden Kulturland.
Nach dem Aufbau unterscheidet man Hecken aus Deck- und Blütensträuchern, wie Hartriegel, Liguster, Wolligem Schneeball und Kornelkirsche, Hecken aus Obstgehölzen und Beerensträuchern sowie Schnitthecken, die aus einer Holzart bestehen, wozu sich besonders die Hainbuche eignet. Sträucher sollten jährlich um etwa ein Drittel zurückgeschnitten bzw. teilweise auf Stock gesetzt werden, um unten stets durch neuen Austrieb dicht zu bleiben. Nur so können sie Tieren Unterschlupf gewähren.
Nach Süden kann eine Baumhecke den Gartenraum begrenzen. Sie sollte locker aufgebaut sein, Licht und Wärme, durch das Baumgerüst gedämpft, eindringen lassen und Ausblicke auf die umgebende Landschaft freigeben. Kleinkronige Heister und Büsche stehen im Abstand von 5–6 m. Beispiele sind Vogelbeere, Feldahorn, Felsenbirne, Zierapfel. Den Unterwuchs bilden Strauchrosen und bodendeckende Kleinsträucher

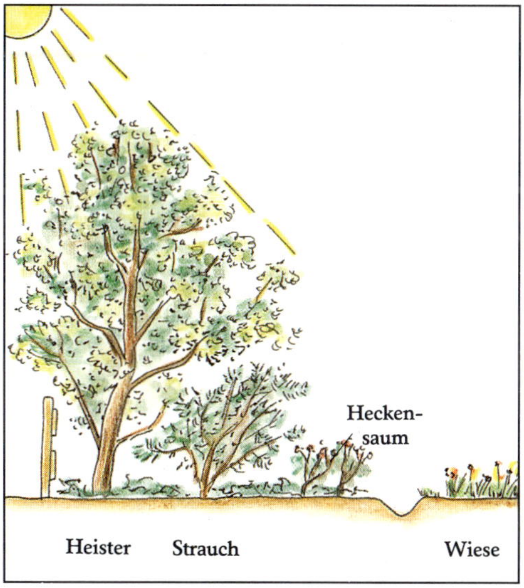

Eine Baumhecke im Süden schützt den Teich vor der prallen Mittagssonne

wie Alpenjohannisbeere, Zwergmispel und Schneebeere. Sie blühen und fruchten vom zeitigen Frühjahr bis in den Spätherbst und sind so ein weiterer Beleg dafür, daß ökologisch wertvolle Gestaltungselemente auch die Attraktivität eines Gartens erhöhen.

Südhecke mit Feldahorn, Vogelbeere, Felsenbirne und Wildrosen

Gestalten mit Wasser – BUGA Dortmund '91

Bundesgartenschau '91: ein anregendes Gartenerlebnis

»Ein Garten für alle Menschen« – das war bereits 1959, bei der ersten Bundesgartenschau im Dortmunder Westfalenpark, die Leitidee für Konzeption und Gestaltung, ebenso 1969, als hier die Gartenschau »Euroflor« stattfand.
Auch die Bundesgartenschau Dortmund '91 steht unter diesem Motto, wobei den zum Teil geänderten Ansprüchen der Menschen an einen modernen Stadtpark und Beispielsgarten Rechnung getragen wird. Dies zeigt sich unter anderem darin, daß sich der Westfalenpark auf der Bundesgartenschau '91 naturnäher denn je präsentiert. Auf ideale Weise wird hier veranschaulicht, wie sich attraktive Gestaltung und praktischer Naturschutz miteinander verbinden lassen.
Der Besucher kann jedoch nicht nur die gartenarchitektonischen Höhepunkte und die gelungene Einbeziehung naturnaher Bereiche in das Ausstellungskonzept genießen, sondern auch die zahlreichen Informationsangebote zum Gartenbau allgemein, zum biologischen Anbau und zum Naturschutz nutzen. Darüber hinaus findet jeder Hobbygärtner eine Vielzahl von Anregungen zur Gestaltung des eigenen »grünen Wohnzimmers«. In diesem Punkt zeigt sich ebenfalls das Bestreben, im Westfalenpark einen Garten für jedermann zu schaffen: Viele der vorgestellten Gestaltungsbeispiele professioneller Gartenarchitekten lassen sich auch im Privatgarten umsetzen.
Gerade für Hobbygärtner, die einen Teich anlegen möchten oder bereits angelegt haben, bietet die Bundesgartenschau viel Interessantes – das Thema »Wasser im Garten« findet sich hier in zahlreichen Variationen. Mehrere Kleingewässer, die in unterschiedliche Gartenbereiche eingebunden sind, vermitteln selbst im zeitweiligen Besuchertrubel Ruhe und Beschaulichkeit und bieten vielfältige Anregungen für den Garten zu Hause. Wer gerne »über den eigenen Teichrand

Den Besucher des Westfalenparks erwarten etliche attraktive Teichsituationen, wie zum Beispiel hier im westlich gelegenen »Romantischen Garten«

hinausschaut«, wird fasziniert sein von der Pflanzenvielfalt am großen Bachlauf und mit Interesse beobachten, wie aus der bislang stark verschmutzten Emscher, die durch das Bundesgartenschau-Gelände fließt, wieder ein gesundes, ökologisch wertvolles Gewässer entsteht.
Bei allen neu angelegten Teichen und Wasserläufen wurden ausschließlich umweltfreundliche Dichtungsmaterialien verwendet. Zum größten Teil kam dabei das Dernoton-Vlies zum Einsatz, ein Material, das erst seit kurzem auf dem Markt ist. Es besteht aus natürlich vorkommendem Ton, der bei Wassersättigung so stark aufquillt, daß eine zuverlässige Bodenabdichtung gewährleistet ist. Geringe Wassermengen können jedoch vom angrenzenden Erdreich angesaugt werden. Dadurch erhalten die Sumpf- bzw. Feuchtzonen stets genügend Feuchtigkeit und können sich so gut entwickeln. Die Aufarbeitung als Vlies erlaubt ein recht einfaches Verlegen. das Material muß dabei jedoch trocken sein, nur dann läßt es sich gut modellieren.
Dies alles hat natürlich weiterhin Bestand, wenn die Bundesgartenschau im Oktober 1991 offiziell beendet ist, denn die gartenarchitektonischen Höhepunkte kann man auch danach im Westfalenpark jederzeit bewundern.

Die »Gartenbilder« – Iristeich und kleiner Bachlauf

Als Herzstück des Westfalenparks kann man das Areal der zur Bundesgartenschau '91 neu geschaffenen »Gartenbilder« bezeichnen. Bei diesem »Park im Park« handelt es sich um mehrere geschickt miteinander verknüpfte Einzelgärten, die so konzipiert wurden, daß man die Gestaltungsideen auch im Hausgarten verwirklichen kann. Nicht zuletzt aufgrund der naturnahen Anlage und der gelungenen Einbeziehung von Gewässerbereichen sind diese Gärten in Gestaltung und Pflanzenverwendung zukunftsweisend.
Als Leitpflanzen der einzelnen Gärten dienen Bäume und Sträucher, die hier 1959 im Rahmen einer Baumschulausstellung gepflanzt wurden und mittlerweile zu stattlichen Exemplaren herangewachsen sind. Nach gestalterischen und ökologischen Gesichtspunkten wurden nun passende Stauden und Blumen zu den jeweiligen Gehölzen ausgewählt und in ansprechende Pflanzenkombinationen eingebunden. So entstanden zehn äußerst reizvolle Gartenräume, die die Namen ihrer Pflanzenthemen tragen, wie der Eiche-Astilben-Garten oder der Blumenhartriegel-Eisenhut-Garten. Diese Themengärten sind deutlich durch Pflanzengesellschaften mit naturnahem Charakter geprägt und lassen keinen Zweifel daran, daß mit Stauden, auch mit Wildstauden, eine attraktive Gartengestaltung möglich ist.

Blick in die »Gartenbilder«

Charmantes Detail im Magnolien-Primel-Garten

Die »Gartenbilder« reihen sich bogenförmig aneinander und werden durch einen Rundweg erschlossen, in dessen Zentrum sich eine Blumenwiese befindet. Ein wichtiges Gestaltungselement des gesamten Bereiches ist das Wasser: Im nördlich gelegenen Magnolien-Primel-Garten entspringt ein Bach, der sich durch den Hainbuchen-Anemonen-Garten, den Ahorn-Farn-Garten sowie den Flügelnuß-Azaleen-Garten zieht, um schließlich in den südöstlich gelegenen Iristeich zu münden.

Der Quellteich dieses Baches stellt den zentralen Bereich des Gartenbildes dar, das von Magnolien und Primeln dominiert wird, also von zwei Pflanzengattungen, die das besondere Flair der asiatischen Flora vermitteln. Gleichzeitig können Primeln trotz ihrer Farbenpracht noch mit dem Charme von Wildpflanzen aufwarten. Die Gestaltung der einzelnen Gartensituationen im und am Teich bezieht die ganze Vielfalt der Primelarten mit ein, die sich so von März bis Juli in der Blüte ablösen. Ihre Gruppierung erfolgte entsprechend den jeweiligen Standortansprüchen. Als Nachbarn wurden ihnen Stauden des Schatten- und Halbschattenbereiches beigesellt: Farne, Gräser und Funkien sowie Schaumblüte, Bergenie und Storchschnabelarten sind zurückhaltende Begleiter, die das Farbenspiel der Primeln hervorragend zur Geltung bringen. Weitere Akzente setzen Solitärgehölze wie Samthortensie, Scheinhasel und Blumenhartriegel.

Von seinem Quellteich fließt der Bachlauf durch den idyllischen Hainbuchen-Anemonen-Garten, um anschließend im Schatten des großen Silberahorns dahinzuplätschern. Wer Farne liebt, die attraktive Gestaltung von Schattenpartien bewundern will oder gar in seinem eigenen Garten Platz für einen kleinen Bach hat, dem bietet sich im lauschigen Ahorn-Farn-Garten eine Fülle von Anregungen.

Das gilt auch für den angrenzenden Flügelnuß-Azaleen-Garten, der vom letzten Abschnitt des Bachlaufs begleitet wird. Aus dem verborgenen Schatten einer dunklen Efeuwand sowie großer Eiben und Rhododendren öffnet sich unter dem lichten Laubdach der Flügelnuß allmählich der Ausblick auf eine ruhige, hellgrüne Wiese und schließlich auf die Blütenpracht am sonnigen Iristeich. Im Wechselspiel von Licht und Schatten ergibt sich ein Gartenbild wohltuender Ruhe und Harmonie, das ein äußerst gelungenes Beispiel für die Gestaltung des weiteren Teichumfeldes darstellt.

Der Bachlauf auf seinem Weg zum Iristeich

Noch leuchtet am Iristeich nur das Rot des Blutweiderichs

Fackellilien recken vorwitzig ihre Blütenköpfe über das urwüchsige Grün ihrer Nachbarn

Möglichkeiten einer naturnahen und abwechslungsreichen Bepflanzung der direkten Teichumgebung und des Gewässers selbst werden am Iris-Hemerocallis-Teich vorgestellt. Am Teichrand dominiert zusammen mit *Hemerocallis,* der Taglilie, die Sibirische Iris mit ihren prachtvollen violetten Blüten, unterstützt von verschiedenen weißblühenden Züchtungen derselben Art. In der Röhrichtzone wird sie von der nahe verwandten, gelbblühenden Wasserschwertlilie abgelöst. Zahlreiche Wasser- und Uferrandpflanzen, die im Porträtteil dieses Buches beschrieben sind, ergänzen die Irisgewächse, wetteifern mit ihrer Blütenpracht oder bilden den passenden Hintergrund dafür. Auf der Wasserfläche selbst regiert die Seerose in zahlreichen Arten und Sorten, zu der sich unter anderem Wasserhahnenfuß und Schwimmendes Laichkraut gesellen. Die Verwendung des sich stark ausbreitenden Schwimmenden Laichkrauts erinnert deutlich daran, daß Bepflanzung und Gestaltung des Iristeiches aufgrund seiner beachtlichen Größe nicht einfach auf den Garten zu Hause übertragen werden können. Wohl aber finden sich viele gelungene Pflanzenkombinationen am Uferrand, die sich auch im Hausgarten

Zwischen Steinen entspringt ein kleiner Quell, der in den Teich des Quell-Rhododendron-Gartens mündet

nachvollziehen lassen. Dem Iristeich wurde ebenso wie dem Bachlauf ein Bett aus dem oben erwähnten umweltfreundlichen Dernoton-Vlies bereitet.

Ein von seiner Größe her bescheideneres Gewässer entfaltet seinen Zauber am gegenüberliegenden Ende der »Gartenbilder«. Unter Rhododendren, Azaleen und einigen alten Birken entstand ein Gartenbereich, der zum Betrachten und Verweilen einlädt. Zwischen Grauwacke-Platten wachsen Steinbrechgewächse; mächtige Exemplare des Waldgeißbarts, Schaumblüten, Elfenblumen, Astilben, Anemonen und Gräser geben sich hier ein Stelldichein. Gleichzeitig bilden sie den passenden Rahmen für einen ansprechenden Gartenteich, dessen Bepflanzung aus der nebenstehenden Planzeichnung ersichtlich wird.

Bepflanzungsplan der Teichumgebung im Quell-Rhododendron-Garten; Teichgröße: ca. 80 m², Fläche des Quellbachs (nordöstlich): ca. 20 m²; Maßstab: ca. 1 : 200 (Entwurf: Fa. Baumann & Broermann)

- *Rheum tanguticum*
- *Rhododendron-Hybride 'Elfe'*
- *Rosa foetida 'Bicolor'*
- *Rhododendron fortunei*
- *Acer japonicum 'Aurea'*
- *Rosa centifolia 'Muscosa'*
- *Myrica gale*
- *Hydrangea sargentina*
- *Miscanthus floridulus*
- *Heracleum mantegazzianum*
- *Acer palmatum*
- *Hydrangea quercifolia*
- *Mahonia bealei*
- *Helianthus salicifolia*
- *Cimicifuga cordifolia*
- *Dryopteris villarii*
- *Polemonium caeruleum*
- *Hemerocallis-Hybriden*
- *Polygonatum verticillatum*
- *Meconopsis betonicifolia*
- *Lysimachia punctata*
- *Primula sikkimensis*
- *Alchemilla mollis*
- *Chrysanthemum leucanthemum*
- *Kniphofia-Hybriden*
- *Primula japonica*
- *Corydalis lutea*
- *Artemisia albula*
- *Eupatorium cannabinum*
- *Festuca tenuifolia*
- *Iris sibira*
- *Iris forrestii*
- *Delphinium-Hybriden*
- *Aster dumosus*
- *Hemerocallis-Hybriden*
- *Luzula pilosa*

Flächige Unterpflanzen
(z. T. unter alten Birken, vgl. unterbrochene Kreislinien; Reihenfolge entsprechend der Stückzahl)

- *Arundinaria pygmaea*
- *Hedera helix, Anemone sylvestris, Anthericum liliago, Asperula tinctoria, Digitalis grandiflora u. a.; dazu in kleinen Stückzahlen Farne (Osmunda, Phyllitis, Polypodium) u. a.*
- *Pachystima cambyi*
- *Teichrand: Lysimachia nummularia; dazu in kleinen Stückzahlen Campanula persifolia, Hosta sieboldiana und H. lanceolata, Rodgersia tabularis*
- *Steinfugenbepflanzung: Colchicum karduchorum und C. sativum, Fritillaria almopetala und F. verticillata, Gentiana acaulis, Saxifraga urbium, Papaver alpinum u. a.*
- *Pachysandra terminalis 'Green Carpet'*
- *Geranium rectum 'Album'*

Die Wasserbepflanzung ist nicht aus dem Plan ersichtlich, da die Plazierung vom Teichprofil abhängt und deshalb nicht einfach übernommen werden kann. **Wasserpflanzen** *(Auswahl; Stückzahlen in Klammern):*
Sumpfzone: Acorus calamus (3), Calla palustris (3), Caltha palustris (3), Euphorbia palustris (3), Eriophorum angustifolium (5), Menyanthes trifoliata (3), Myosotis palustris (10)
Röhrichtzone: Alisma plantago-aquatica (3), Butomus umbellatus (10), Hippuris vulgaris (10), Iris pseudacorus (5), Pontederia cordata (10), Scirpus lacustris albescens (3), Sparganium simplex (3), Typha minima (3)
Schwimmblattzone: Hydrocharis morsus-ranae (3), Nuphar luteum (1), je 1 Nymphaea-Hybride der Sorten 'Hermine', 'James Brydon', 'Lyderkeri Lilacea', 'Morl. Chromatella' sowie 1 Nymphoides peltata
Unterwasserzone: Ceratophyllum demersum (3), Elodea canadensis (20), Hottonia palustris (3), Myriophyllum verticillatum (5), Potamogeton crispus (3), Stratiotes aloides (1)

Heidegarten und Heideteich

Unweit der »Gartenbilder« findet sich ein über 30 Jahre alter Heidegarten, der zur Bundesgartenschau '91 verjüngt wurde. Mit seinen hellrosa bis purpurfarbenen Erica- und Calluna-Blüten, mit Säulenwacholder, Pfeifengras, Ginster und anderen typischen Heidepflanzen strahlt dieser Bereich einen besonderen Zauber aus. Dazu trägt nicht zuletzt ein kleiner Heideteich bei. Um diesen gruppieren sich feuchteliebende Pflanzen wie die Glockenheide, die Lavendelheide und der aromatisch duftende Porst; der Flachwasserbereich ist von den weißen Büscheln des Schmalblättrigen Wollgrases geprägt.
Der Heideteich ist für Hobbygärtner jedoch nicht nur wegen seiner Bepflanzung interessant – hier sind auch einige technische Besonderheiten zu sehen. Das zeltartige Dach des nahegelegenen Sonnensegels, eines Veranstaltungsortes im Westfalenpark, fängt Regenwasser auf, das in einen Auffangkasten geleitet wird. Von dort gelangt das Wasser über ein langes, unterirdisch verlegtes Rohr in den Teich. Das Regenwasser sorgt für einen niedrigen pH-Wert und damit für ein stabiles saures Milieu, das für die Moorpflanzung am Ende des Teiches lebensnotwendig ist. Belüftet wird der Teich durch eine mit Sonnenenergie betriebene Pumpe. So mancher Teichfreund könnte dadurch zur Suche nach ähnlichen Lösungen im Hausgarten angeregt werden.
Die Baumstümpfe, die im Gelände ausgelegt wurden, tragen nicht nur zum »urigen« Charakter des Heidebereichs bei, sondern sind auch von ökologischem Nutzen für Insekten und Mikroorganismen aller Art.

Feuchteliebende Heidepflanzen schmücken die Teichumgebung

Beschauliche Idylle am Seerosenteich

Seerosenteich

Dieser Gartenteil ist zur Bundesgartenschau '59 entstanden und seitdem fast unverändert erhalten. Es handelt sich um ein völlig künstliches Gewässer, das mit hochgepumptem Wasser aus einem anderen, großen Teich gespeist wird. Neu konzipiert wurde lediglich die Staudenbepflanzung am Westufer. Dabei strebte man an, mit züchterisch bearbeiteten Stauden, die abgestuft zwischen Uferrand und Waldsaum gruppiert wurden, einen möglichst naturhaften Gesamteindruck zu erzielen.

Krötenbiotop

Ideale Lebensbedingungen für Frösche, Kröten und Molche bietet das Krötenbiotop. Es handelt sich dabei um ein amphibiengerecht angelegtes Kleingewässer mit Flachwasserzonen zum Laichen und einer Vielzahl von Insektennährpflanzen. Beinwell und Wiesenraute, aber auch Schafgarbe, Beifuß, Akelei oder Flockenblume bilden hier einen wichtigen Teil der Nahrungskette.
Hobbygärtner, die für Amphibien einen artgerechten Lebensraum schaffen wollen, sollten noch weitere Anregungen, die das 300 m² große Areal des Krötenbiotops bietet, im eigenen Garten nachvollziehen. Totholzhaufen, in denen sich Marienkäfer, Ohrwürmer und Schlupfwesen ansiedeln, sorgen ebenfalls für einen reichhaltigen Speisezettel, an dem sich nicht nur Amphibien, sondern auch Reptilien, wie Salamander oder Blindschleichen, erfreuen. Trockenmauern und Steinhaufen bieten Unterschlupfmöglichkeiten, die gerne von Igeln und anderen nützlichen Tieren in Anspruch genommen werden.
Flachwasserzonen, Holz- und Steinhaufen sorgen am Krötenbiotop somit nicht nur für ein abwechslungsreiches Bild, sondern stellen wesentliche Bausteine eines ökologischen Konzepts dar, das allmählich von Erfolg gekrönt wird: Neben Grasfröschen, die sich von den Bauarbeiten zur Bundesgartenschau nicht stören ließen und sich munter vermehrten, haben sich am Krötenbiotop bereits etliche Bergmolche und einige Erdkröten eingefunden. Mühe und Geduld haben sich gelohnt und sollten auch am Gartenteich daheim aufgebracht werden; denn die Amphibien müssen das Gewässer aus freien Stücken für gut befinden.

Lebensraum für allerlei Getier: das Krötenbiotop

Bunte Pflanzenvielfalt im »Reich des Wassers«

Zahlreiche Stauden säumen den Weg des Bachlaufs

»Reich des Wassers«

In der Mitte des Parks, unweit der »Gartenbilder«, stößt der Besucher auf mehrere große Wasserbecken, in denen die ganze Vielfalt der Wasserpflanzen versammelt ist. Hier, im »Reich des Wassers«, kann man zahlreiche der im Porträtteil dieses Buches vorgestellten Pflanzen in natura sehen. In den einzelnen Becken dieses botanischen Wassergartens sind jeweils Sumpf-, Röhricht-, Schwimmblatt- und Unterwasserpflanzen entsprechend ihren Wassertiefen zusammengefaßt. Ein großes Becken mit beheiztem Wasser zeigt darüber hinaus zahlreiche tropische Wasserpflanzen. Dort läßt sich unter anderem die brasilianische Seerose »Victoria Regia« bewundern, deren Blätter einen Durchmesser von mehr als 1 m erreichen.

Großer Bachlauf und Felsenquell

Wer den besonderen Charme von Stauden, gerade auch von züchterisch kaum bearbeiteten Formen, für sich entdeckt hat, kommt am Bachlauf im östlichen Parkbereich voll auf seine Kosten. Mit Schotter, bituminösen Tragschichten und einer Mastixdichtung erhielt der seit 1959 existierende Bachlauf ein neues Bett, gleichzeitig entstand unter Einbeziehung von Ruhrsandsteinblöcken eine äußerst reizvolle Uferlandschaft.
Der Quellbereich des Bachlaufs schmückt sich mit Pfennigkraut, Mädesüß, Bachnelkenwurz, Günsel und zahlreichen anderen Stauden, die zur Pflanzengemeinschaft in der Röhrichtzone des Teichrandbeetes gehören. Auf seinem Weg zum Schwanenteich durchquert der Bach eine ausgedehnte Hochstaudenflur, dann ein flaches Wiesental und zuletzt, vor der Einmündung in den Teich, eine typische Auenlandschaft in Form eines Erlenbruchs.
Obgleich sich die Flora an Fließgewässern vom Pflanzenbestand an Stillgewässern etwas unterscheidet, gibt es viele Gewächse, die sich hier wie dort wohl fühlen. So findet man am gesamten Bachlauf in der Röhrichtzone zahlreiche Pflanzen, die auch den Gartenteich zieren können.
Im Hochstaudenbereich trifft man beispielsweise auf große Bestände von Blutweiderich, Baldrian, Günsel und Pfennigkraut. Diverse Rohrkolben- und Mädesüßarten sind dort ebenso vertreten wie das Sumpfvergißmeinnicht und die Akeleiblättrige Wiesenraute. Im Erlenbruch fallen verschiedene Gräser und Binsen ins Auge, das sich andererseits an der Vielzahl der dort gepflanzten Primeln kaum satt sehen kann. Diese haben zudem etliche attraktive Nachbarn wie die Gauklerblume oder die Sibirische Iris. Letztere findet man auch mit zahlreichen Sorten im angrenzenden Wiesental. Mit Zungenhahnenfuß, Ästigem Igelkolben, Pfeilkraut und Zwergbinse sind dort einige weitere vom Gartenteich bekannte Pflanzen versammelt.
Unweit des Bachlaufs, im Abschnitt der Hochstauden, befindet sich der Felsenquell, der in einen Steingartenbereich eingebettet ist. Die Kombination von Steinen und Wasser, das Nebeneinander von Steingarten- und Teichpflanzen machen den besonderen Charakter dieser Gartensituation aus.

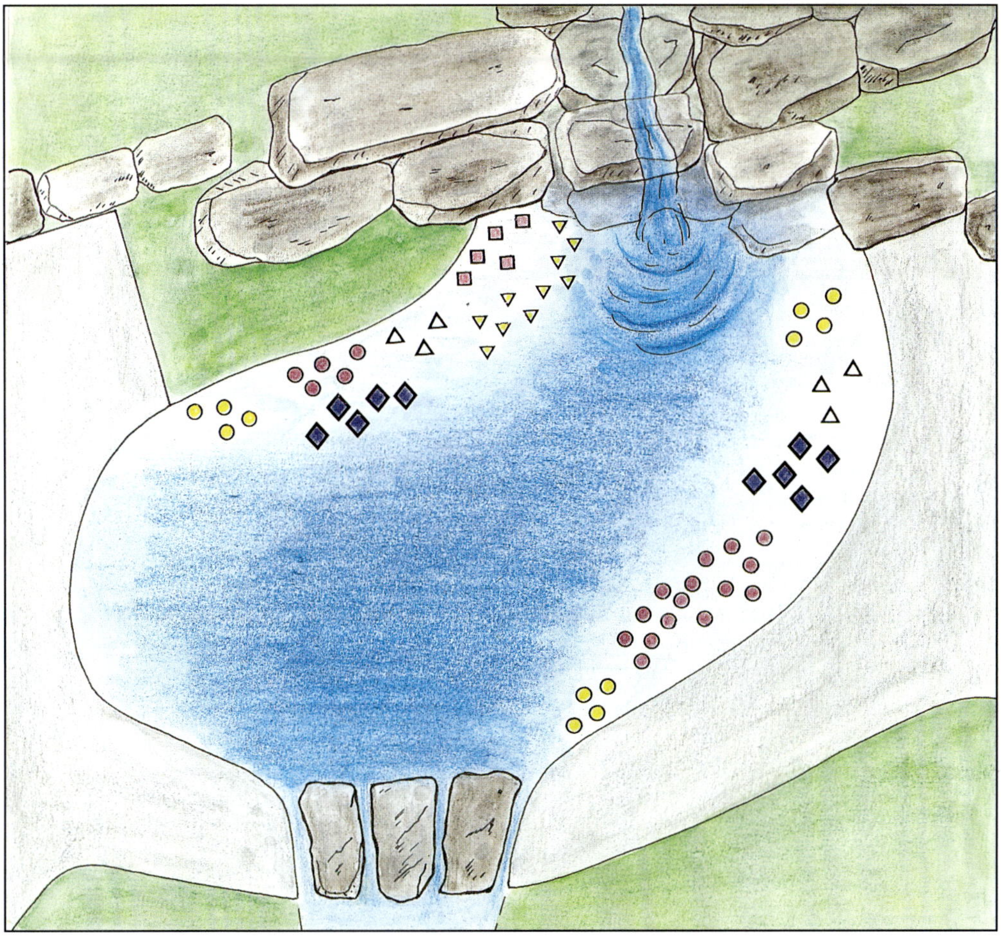

○ *Caltha palustris (15; 6/m^2)*

○ *Mentha aquatica (10; 5/m^2)*

◆ *Mimulus ringens (20; 5/m^2)*

□ *Lythrum salicaria (10; 4/m^2)*

△ *Caltha palustris alba (10; 6/m^2)*

▽ *Lysimachia thyrsiflora (10; 5/m^2)*

Die Abbildung zeigt Anlage und Bepflanzung des Felsenquellteichs. Durch Verwendung von Sumpf- und Teichrandpflanzen (allerdings auch des Blutweiderichs, den der Autor eher im Teichhintergrund ansiedeln würde), entstand eine einfache, aber reizvolle Kombination. (Die Zahlen in Klammern nennen jeweils die Anzahl sowie die Stückzahl je m^2.) Wasserfläche: ca. 50 m^2; Maßstab: ca. 1:100 (Entwurf: Büro Bundesgartenschau Dortmund/F. Ebbinghaus)

Register

Halbfette Seitenzahlen verweisen bei mehreren Angaben auf eine ausführliche Erläuterung des Begriffs, *kursive* auf Abbildungen.